コロナと闘う学校
全国120校が直面した課題と新たな教育環境の可能性
川崎雅和 編著
現代学校事務研究会代表幹事
学校事務法令研究会会長
CORONA×SCHOOL

はじめに

新型コロナウイルスの感染が広がりつつあった2020年2月27日、安倍首相（当時。以下同様）は唐突かつ独断的に、全国の小中学校、高校、特別支援学校に対し、3月2日からの臨時休校要請を行いました。

これを受けた文部科学省は、翌日、臨時休校に関する通知を全国に発信。ほとんどの自治体はこれを受け入れ、あたふたと休校の手筈を整えました。確かな指標が示されないなか、学校現場は極めて困難で苦しい対応を迫られ、子どもたち、保護者、学校職員は大変な苦痛を強いられました。

そこで、現代学校事務研究会と学校事務法令研究会は共同して、学校がこのコロナ禍にどう立ち向かい、どのような経験をしたかについて、主に学校の情報・施設・財務・危機管理などを所管する学校事務職員を対象としたアンケート調査を行いました。この間の事態の推移は、子どもたちの安全と安心を守り、学びの場を維持・発展させるために、学校は何をなすべきかについて、貴重な多くの教訓をもたらしていると考えたからです。

調査期間は2020年6月24日~7月6日。6月1日に学校を再開した23都道府県でも再開から約1カ月の時点であり、分散登校を経て、ようやく完全なかたちでリスタートとなった学校も多かった時期です。質問項目は以下のとおりです。

①現在、ＣＯＶＩＤ‐19関連の対応・対策で困っていることがあれば教えてください。
②今後の検討課題となっていることがあれば教えてください。
③貴校独自に工夫していることがあれば教えてください。
④他校ではどのような対策を講じているのか、気になることがあったら教えてください。
⑤コロナ禍によって、あらためて気づかされたことはありますか？
⑥休校前・休校中・学校再開後等に、事務職員として「事務だより」などで、児童生徒、保護者、教員に向けて何か情報発信をしましたか？　それはどんな内容ですか？

＊

アンケート調査の全回答は本書の巻末付録に掲載されていますが、混乱の渦中にもかかわらず、北海道から沖縄まで１２０校（小学校66、中学校47、その他７）から膨大な情報が寄せられました。回答からは、困惑や憤り、奮闘や気づき、疲弊の声が、ヒト、モノ、コト、カネ、情報等の側面から、緊迫感を伴って伝わってきます。

本書は、このアンケート結果を詳細に報告するとともに、専門家の方々の知見を提示しつつ、今回の緊急事態において学校は子どもたちの安全・安心をどう守るか、就学をどう支援するか、国・自治体・教育委員会と学校の連携体制はどうあるべきか、学校の運営体制をどのように改革していけばよいか、そして、ポストコロナの教育のあり方と学校運営の未来像をどう描くかを追究するものとして編集されました。まさに、コロナを超えて、新たな教育環境をどう創るかに果敢にアプローチするものです。

本書のもととなったアンケート調査の実施について、そのきっかけを与えてくださった北村享子氏（滋賀県長浜市立朝日小学校主任事務主査）には、第1章を担当していただきました。重ねてお礼を申し上げます。また、アンケート調査にご協力いただいた全国の学校事務職員のみなさま、感染防止対策の取り組み事例として写真をご提供いただいた学校の方々にも、あらためて感謝の意を表したいと思います。

そして、長時間のインタビューに快く応じてくださった前川喜平氏（現代教育行政研究会代表、元文部科学事務次官）、第4章をご担当いただいた、不登校研究の第一人者、小林正幸氏（東京学芸大学特別支援教育・教育臨床サポートセンター教授）、第5章をご担当いただいた、久喜市「未来の公教育研究委員会」のメンバーとしても活躍されている安部友輔氏（埼玉県久喜市立栢間小学校事務主事）にも心よりお礼を申し上げます。

本書はたくさんの方々のご協力のもとに生まれました。新型コロナウイルスとの闘いはいまだ終息の気配すらみえませんが、それぞれの現場で奮闘しておられるみなさまとともに、新たな教育環境の創造に向けて、一歩一歩、前に進んでいきたいと思います。

２０２０年晩秋

現代学校事務研究会代表幹事・学校事務法令研究会会長
川崎雅和

コロナと闘う学校

全国120校が直面した課題と新たな教育環境の可能性●目次

カバーデザイン●グ・ラフ
編集●株式会社あどらいぶ企画室

第1章　私たちは何と闘っているのか

北村享子

【新型コロナウイルスの感染拡大に伴う臨時休校要請から学校再開までの動き】

2月27日	安倍首相は新型コロナウイルス感染症対策本部で、全国の小中学校、高校、特別支援学校について、3月2日から春休みまで臨時休業を行うよう要請。
2月28日	上記の要請を受け、文科省は3月2日から春季休業開始日までの臨時休業に関する通知を発出。その期間や形態については各学校設置者の判断を妨げるものではない旨を明記。
3月 4日	文科省は上記臨時休業中の児童生徒の外出について留意事項を通知。軽い風邪症状でも外出を控える、規模の大小にかかわらず風通しの悪い空間で人と人が至近距離で会話する場所やイベントにできるだけ行かないこと、などを明記。
3月 4日	同日時点での文科省の調査等によると、政府が要請した臨時休業措置をとらない方針を示しているのは埼玉県、島根県、兵庫県小野市、沖縄県石垣市、栃木県茂木町など2県21市町村、404校。休業措置をとっている公立小中学校は2万8047校（98.8%）、都道府県立学校は高校で島根県を除く46自治体、3314校（99.0%）、特別支援学校で埼玉県と島根県を除く45自治体、869校（94.8%）。
4月 7日	政府は7都府県（東京、神奈川、千葉、埼玉、大阪、兵庫、福岡）に対して、感染症対策として4月7日～5月6日の1カ月間、外出自粛を強く要請する緊急事態宣言を発令。
4月10日	同日時点での文科省の調査によると、全国の国公私立の小中高校などで新学期を予定どおり開始しているのは約40%。緊急事態宣言の対象となっている7都府県の公立学校では全面的な休業措置がとられているため0%、それ以外の地域では52%となっている。
4月16日	政府は新型コロナウイルス対策の特別措置法に基づく「緊急事態宣言」の対象地域を、5月6日までの期間、7都府県から全国に拡大。さらに、7都府県に北海道、茨城、石川、岐阜、愛知、京都の6道府県を加えた13都道府県を「特別警戒都道府県」と位置づけた。
4月22日	感染者が出ていない岩手県で県立学校の臨時休業が始まる22日正午現在の文科省の調査によると、小学校95%、中学校95%、高校97%、特別支援学校96%が臨時休業となっていた。一方、その時点で臨時休業を実施しないとした公立学校は、小学校80校、中学校46校、高校1校、特別支援学校2校であった。
5月 4日	安倍首相は4月7日に発出した「緊急事態宣言」を5月31日まで延長すると正式に表明。ただし、5月14日を目途に現状分析を行い、可能と判断すれば任期満了を待つことなく解除すると明言。
5月14日	安倍首相は東京、埼玉、千葉、神奈川、大阪、京都、兵庫、北海道の8都道府県を除く39県で緊急事態宣言を解除すると表明。
5月18日	同日時点でのNHKの調査によると、公立小中高校で再開しているのは、青森、岩手、秋田、山形、鳥取、佐賀、長崎、熊本、大分、鹿児島の10県。5月中の再開を予定しているのは、栃木、新潟、富山、山梨、長野、静岡、島根、山口、徳島、愛媛、高知、福岡、宮崎、沖縄の14県。ただし、これらの地域のなかには、休校を続けている小中学校なども含まれている。
5月21日	政府は、大阪、京都、兵庫の3府県について、緊急事態宣言を解除。
5月25日	首都圏1都3県、北海道の緊急事態宣言を解除。およそ1カ月半ぶりに全面解除となった。
6月 1日	北海道、宮城、福島、茨城、群馬、埼玉、千葉、東京、神奈川、石川、福井、岐阜、愛知、三重、滋賀、京都、大阪、兵庫、奈良、和歌山、岡山、広島、香川の23都道府県で学校再開。これらの地域のなかには、5月中から分散登校を行っているところもある。

Episode 1　明日からどうなるんだろう

子どもは学校に来るのが当たり前、元気に返事をして大きな声で歌って、休み時間は友だちとじゃれ合って遊ぶのが当たり前、教師は教室で授業をするのが当たり前、学校事務職員は共同実施でみんなと相談しながら仕事をするのが当たり前。そんな「当たり前」な毎日が２月27日の首相の一言で終わってしまうとは、誰が想像したでしょうか。

夕方のニュースで「３月２日から春休みまで学校を休校にしたい」という首相の要請が報じられると、現場は俄然慌ただしくなりました。翌日、始業前から職員会議が行われ、３月初旬に予定していた「６年生を送る会」は規模を縮小して本日行うこと、休校中の当面の児童への課題を本日中に印刷・配布すること、引き出しの中身や図工作品などは後日保護者に引き取りにきてもらうことなどが確認されました。

その後、養護教諭と一緒に、５年生がやるはずだった送る会に向けての体育館の飾りつけを行いました。２人で「明日からどうなるんだろう」と顔を見合わせながら、目に見えない敵との闘いの始まりに不安がふくらんでいきました。

Episode 2　マスク、検温、消毒…異例の卒業式

休校に入って間もなく、児童に学習課題を届けるとともに、家庭での様子を知るために家庭訪問を行いました。しかし、しだいに児童や保護者との接触ができなくなり、これ以

降の課題配布は各家庭のポストに入れることになりました。

卒業式については、校長会や教育委員会が協議した結果、当初の予定日で式は行うが、6年生と保護者、教職員のみ出席と決まりました。会場となる体育館の椅子は、児童席、保護者席ともに2m以上離し、使用するすべての備品を消毒。教室はもともとオープンスペース形式であるため、仕切りの壁を取り外してなるべく広い空間を確保しました。当日、登校してきた6年生には短時間で卒業証書の受け取り方と呼びかけの指導をし、保護者には別室で歌の練習などをしていただきました。例年、下校時には在校生が玄関で卒業生を見送っていましたが、今年は職員だけ。少し寂しい門出でした。

3月24日の終業式には、全校児童が登校してきました。事前に保護者に登校には強制力がない（休んでも欠席扱いにしない）ことをメールで知らせましたが、遠方に預けられている子ども以外は全員登校し、マスク着用の上、玄関で検温と消毒を済ませて校舎に入っていきます。久しぶりの子どもたちの笑顔を嬉しく感じたひとときです。式は校長が各教室を回って話をするかたちで行われました。

Episode 3 夜9時過ぎのメール

年度末の転退職者の送別会も開けないまま、4月1日、新任教員1名と転入者2名を迎えることになりました。聞けば、県と市の新任研修は当面オンラインで行われるとか。挨拶にみえた新任の指導者教員は、休校で授業がないなか、どのように指導や研修の計画をすればよいか悩んでいました。教職員は４月８日からの学校再開に向けて、下駄箱や机の名札の作成、教科書の準備、教材教具、ノートやドリルの確認等に追われていました。

ようやく休校が明け、学校長と着任した教職員が各教室を回るかたちでの始業式と着任式。子どもたちは、初めて会う担任の先生にちょっと緊張ぎみでした。その後の入学式には、在校生は6年生児童のみ、1年生児童とその保護者、2～5年生の担任以外の教職員、来賓はＰＴＡ会長のみ出席しました。

学校の再開に安堵し、「明日からまた賑やかになるだろうな」と考えていたその夜９時過ぎ、市教委からなんの前ぶれもなく、「臨時休校を5月6日まで延長する」旨のメールが携帯に届きました。まさに青天の霹靂とはこのことで、ただただ驚くばかりでした。

Episode 4　つくづく在宅勤務に向かない職種

市教委からのメールを受けて職員会議が開かれ、今後の学習教材の配布方法や子どもの健康チェックなどが検討されました。本市ではまだ児童用タブレットが配布されていないため、オンライン授業等は行うことができません。そこで、学校から保護者へ「学習教材はポストインで行うこと」「週に一度、電話で子どもの様子を確認すること」「今後のお知らせはメールやホームページで発信すること」などが伝えられました。

官公庁で在宅勤務が始まったことで、教職員も交代で在宅勤務をするよう指示がありました。事前に在宅勤務の予定と内容を校長に届け出て、後日、実施結果届とともに成果物をデータもしくはプリントで提出しなければなりません。とはいえ、事務職員は個人情報を扱う仕事が多く、市や県とつながったパソコンでの作業も日常茶飯事ですから、持ち帰ってやれる仕事は限られています。4月末に提出する備品購入計画書に基づいてカタログや品番の確認を行うことにしたものの、その後、教師が家で作成した教材を提出しているのを横目で見ながら、つくづく在宅勤務には向かない職種であることを実感。職員室から離れた別室勤務も認められましたが、オンラインのパソコンが使えなければ在宅と同じです。後で聞いた話では、一度も在宅勤務をしなかった（できなかった）仲間もいました。

4月末、ゴールデンウイーク前に市教委から5月末まで休校を延長するというメールが届き、担任は教材作成と保護者への連絡に追われる日々が続くことになりました。

Episode 5 今年度の予算は最後までもつのだろうか

5月末、新年度が始まって2カ月も経たないというのに、課題作成のためのコピーの使用料や紙代、印刷機のインク代がふくれ上がっていきました。近々学校が再開すればコロナ対策に必要な消耗品の購入量が増えるのは目に見えています。再開に向けて市教委からマスクや石けん、消毒薬が届くようになりましたが、スプレーケースや紙タオルなど個々の学校独自で必要な物品もあります。事務職員同士の会話でも「今年度の予算は最後までもつのだろうか」と不安の声があがるようになりました。

2回の分散登校を経て、ようやく学校再開。最初の2週間は午前中のみの登校です。子どもたちには毎朝家庭での検温を義務づけ、登下校時もマスク着用、玄関で手指の消毒をしてから校舎へ入らせます。下校後は教職員が、机、椅子、水道、ドアノブなどを消毒してまわっています。これは2学期に入った現在も毎日続けています。

そんななか、今年度のプール学習の中止が決定。修学旅行は延期、その他の宿泊を伴う活動や学習参観を伴うPTA総会も中止。授業の形態もおのずと制限され、これまでの「普通」が普通でなくなったことを思い知らされました。

2週間後、通常どおりの授業がスタート。当面は教室を開放し、できるだけ机も離して授業を行います。給食は簡単な配膳になるよう、ご飯と副菜をワンプレートで提供。いつもなら賑やかなランチタイムも、この日から静かに前を向いて食べる沈黙の時間となりました。教師たちが前学年でできなかった3月分の学習とともに、4月からの遅れを取り戻すべく日々の授業と教材作成に頑張っている姿を目にして、子どもたちのために少しでもサポートしたいと思いながら毎日を過ごしました。

Episode 6 無視された学校現場の要望

学校再開に伴い、国の補助金を使って遅れた授業をサポートする「補修等指導」、教職員の事務作業を軽減する「スクール・サポート・スタッフ」の非常勤講師が配置されるようになりました。他市では市が独自予算を組み、コロナ禍で職を失った人を対象に消毒作業を行う職員を募り、学校に配置したというニュースも入ってきました。

国の第2次補正予算による学校への補助金給付の情報が入り、いつ来るのだろうと噂をしていると、突如、市教委から購入物品の要望を提出せよとの文書が届きました。締め切りまで3日しかない！　大急ぎで管理職と購入計画を策定（本校は100万円が給付される予定)。備品カタログを調べたり、電化製品については近所の大型電気店にリサーチに行ったり、ここが腕の見せどころとばかりに各校の事務職員が積極的に動いたと聞いています。

しかしそれから日も経たないある日、とんでもない知らせが舞い込みました。市教委が扇風機や冷却タオル、網戸等の物品を指定し、そのなかから予算の範囲内で選定するよう言ってきたのです。しかも予算は当初予定の100万円ではなく、消毒薬等の購入費としてあらかじめ一定額を差し引かれています。学校には配当されず、その上、本当に必要な物が購入できないなんて……、ガックリと肩を落とす管理職と私でした。

8月4日、子どもたちには短く、職員にとっては長い1学期が終了しました。

Episode 7　修学旅行までの紆余曲折

本校では、6月から「補修等指導」、8月から「スクール・サポート・スタッフ」、9月から「学習アシスタント」の非常勤講師が配属されました。また、4月から配置されていた初任者の校外研修の後補充と社会人活用のための非常勤講師は、休校で授業ができなかった分の補充として、それぞれ4日（18時間)、2日（4時間）の延長が認められました。学校運営や授業の準備・補助等でずいぶん助けられましたが、その分、毎月の出勤報告など事務作業が増大。しかし、子どもたちの学習のためですから文句は言えません。

国からは「新型コロナウイルス感染症に対応した持続的な学校運営のためのガイドライン」と「学校における新型コロナウイルス感染症に関する衛生管理マニュアル～『学校の新しい生活様式』～」が発表され、2学期以降の行事はこのガイドラインに沿って、これまでの全面中止から、規模を縮小したり、やり方を変えたりして実施しています。運動会は午前中のみの開催とし、保護者の観覧も制限（参加者名を事前に提出してもらう）。保護者用観覧席のテントを立てたり、シートを敷いたり、椅子を並べるのも禁止です。マラソン大会や授業参観も、保護者の人数制限と氏名の提出、来校時の検温と消毒を徹底しました。

遅れていた修学旅行は10月に行われました。出発2週間前から児童本人と家族の健康チェックを保護者に依頼し、行き先も2県以上をまたがないよう、当初予定の大阪・奈良が奈良・京都になり、最終的には奈良県のみの宿泊・移動となりました。バス内の定期的な換気、訪問先での消毒、旅館の部屋割りや食事・入浴の人数制限……、子どもたちにはいろいろ不便な点もあったかと思いますが、良い思い出ができたと喜んでくれました。

Episode 8　そして闘いは続く

相変わらず放課後の消毒作業は続いています。スクール・サポート・スタッフのおかげで担任の負担はずいぶん減ったように思います。下校後、教頭と私は正面玄関や職員室、更衣室等のドアノブや電気スイッチを中心に、担任は児童の机、教室のドア、階段の手すりやトイレ、下駄箱等の消毒を行います。この作業がいつまで続くかわかりません（誰かが「もうやらなくてもいい」と言ってくれるまで）が、とにかくやるしかないという気持ちです。

市内の事務職員たちも、ただ「予算がない」と泣き寝入りしているわけではありません。4月以降、通常の学校運営経費とは別に、コロナ対策にかかった費用（児童の手指消毒薬やマスク等の医療用品、休校中の教材作成に使用した用紙等の消耗品、校内の消毒にかかる清掃用品等）をリストアップし、市内35小中学校（園）分をデータ化しました。これを市教委に提出し、学校の努力を理解してもらうとともに、追加配当に向けて協議していきたいと思います。

3月以降、何かと制限の多い毎日でしたが、新たな発見もあります。前例のない闘いのせいか、都道府県はもちろん、市町によっても、果ては隣の学校でさえ、闘う方法も武器も違っていることがわかりました。

「例年どおり」でやってきた各種の学校行事を中止または内容変更するための協議を行う過程は、本当に大切にすべき行事は何かを考えるきっかけになりました。とかく学校は「スクラップ&ビルド」ではなく、「ビルド&ビルド」だといわれます。先生たちは、時間ができると新しい仕事を探してしまうとも聞きました。そんななか、みんなで話し合い、コロナ終息のいかんにかかわらず、すでに中止を決定した来年度の行事もあります。

これから先、今まで思っていた「日常」は戻ってこないかもしれません。子どもたちのために新しい日常が快適なものとなるよう、「全集中！　学校事務職員の呼吸!!」を身につけて、見える敵、見えない敵と闘いつづけたいと思います。

第2章　果てしない感染防止の取り組み

川崎雅和

マニュアルから学ぶ、経験から学ぶ

文部科学省は２０２０年5月22日、「学校における新型コロナウイルス感染症に関する衛生管理マニュアル～『学校における新しい生活様式』～」（以下、「衛生管理マニュアル」と略す）を発表し、教育委員会や学校での感染防止対策を進める上で必要な情報の提供を行いました。同年12月3日にはそのバージョン5が出されましたが、それによると、学校の一斉休業が明けた6月1日から11月25日までの約6カ月間にコロナに感染した、小中学校、高校、特別支援学校の児童生徒は３３０３人、そのうち学校内感染は４４５人（13％）、また、重症者はゼロであったとのことです。この結果は、いかに全国の学校職員が英知を絞り、試行錯誤を重ね、奮闘したかを示すものであると思います。

「衛生管理マニュアル」は「新しい生活様式」を踏まえて、感染のレベルごとに身体的距離の確保や感染リスクの高い教科活動・部活動実施の是非などの基準を示し、さらに、手洗いの仕方、清掃・消毒、３密の避け方なども、さまざまな生活場面や個々の学習活動の特徴に合わせてアドバイスしています。これから各学校が確実な感染防止対策を進めるには、これまで全国の学校で進めてきた感染防止活動の経験とその教訓に学ぶとともに、「衛生管理マニュアル」等の指導文書を指針として、それぞれの地域の状況と子どもたちの学校生活の様子に合わせた計画を立て、実行することが大切になってくるでしょう。

そこで本章では、全国から寄せられたアンケートの回答をもとに、各校がどのような対策を実行したか、困難をどう克服しようとしたか、どんな課題が残ったかなどを読み取り、この間に得られた感染防止対策の新しい知見と「衛生管理マニュアル」等が示すアドバイスも加えて、これから学校がとるべき感染対策のポイントを探っていきたいと思います。

密が回避できない、空き教室はあるが教員がいない

アンケートの回答で最も目立ったのは、密を回避できない学習環境の悩みです。「40人もいては、密を回避できない。２ｍを確保するには1クラス15人になってしまう」「空き教室があっても教員がいない。教員の加配が必要」「学級を分割すると教員の数が足りないため、１人で２教室を見ている」「文化祭や合唱コンクールなど室内の全校行事は密を避けながら、どのように実行するか悩んでいる」等々。

これらの課題を解決するには、施設の大規模改修や教員の増員、予算の大幅な追加などの政策的措置が必要なため、学校だけでは解決困難です。しかし、「特殊な校舎構造を活用し、教室周辺のエリアへ机を配置することにより、ソーシャルディスタンシングに努めている」「40人のクラスは、授業によっては人数を分け、少人数で実施している」などの工夫をしているという報告もありました。

地域によっては、スクールバスにおける密をどう防ぐかも悩みの種になっています。基本は「窓を開ける、なるべく間隔を空けて座る、心配なときは保護者送迎を検討する」といった対応になるわけですが、たとえば、「半数の児童がスクールバス利用」という学校

では、間隔を空けて座ること自体がそもそも無理ですし、寒冷地などでは「冬場は窓を開けて走れない」という問題も起こります。

「スクールバスの増便をお願いし、いち早く対応してもらった」等の対策を講じた自治体もあります。「国土交通省の調査では、路線バスではエアコンの換気機能で、窓を開けなくても3～5分で空気が入れ替わるという」との報道（朝日新聞2020年8月22日夕刊）もありますので、使用するバスの換気機能（外気導入量等）もチェックすべきでしょう。

教室の密回避をめぐっては、2020年7月3日、全国知事会・全国市長会・全国町村会の3団体が文部科学大臣に対し、公立小中学校に少人数学級を早急に導入するよう求める緊急提言を行いました。提言書では、「公立小中学校の普通教室の平均面積は64平方メートルで、現在の40人学級では感染症予防のための十分な距離を確保することが困難」であり、「感染症の再拡大時でも必要な教育活動を継続するには、少人数学級がぜひとも必要」として、教員の確保などの環境整備を求めました。

また、9月8日には、首相の私的諮問機関である教育再生実行会議に設けられた「ポストコロナの学びの検討を進めるワーキンググループ」が初会合を開き、3密を避けるための少人数学級の実現に向け、教員や教室の確保といった環境整備を政府に求めることで合意し、「少人数によるきめ細かな指導体制・環境整備について」をとりまとめました。新聞報道では、新型コロナウイルスの収束が見通せない現状では、教室での身体的距離の確保が急務であり、上限40人（小学1年生は35人）となっている小中学校の学級をより小規模とすることで、きめ細かな指導も実現できるとし、将来的に20人まで減らすべきだとの意見も出たとのことです。こうしたことから、今後、30人学級を目指す動きが急速に進められるものと思いますが、それには正規教員の増員や必要な施設の整備などがどうしても必要となります。国の予算措置がどれだけなされるかに注目したいと思います。

無言給食のストレス

本来、楽しく賑やかに食べるはずの給食が密のリスクになり、それを避けようとすると学校職員の負担がますます増大するという現実も浮き彫りになりました。

「給食の時間は、食べる際の机の配置から、給食室へ給食を取りに行ったり食器を戻す際の3密対策（時間差で行かせる、教員が階段で足止めする等）、配膳方法への配慮（配膳係のみ食器に触れる等）、食前の手洗いや食後の歯磨き指導も時間差で……など、実施にあたってのハードルが高く、教職員の負担が大きい」「給食は間隔を空け、おしゃべりは一切なし。スペースに限りがあるため、学年によっては廊下で壁に向かって給食を食べている」。

一方、無言の給食時間を有効活用している学校もありました。「無言給食中に養護教諭による保健室放送（熱中症対策の基本や手洗いの重要性など）。他校では音楽を流したり、手話による簡単な会話を児童に教えたりするようだ」。

また、「避難所の役割を担う学校で、いかに密を避けた整備・準備ができるか」「新しい生活様式に沿うためには、これまで大切に育んできた省エネや道徳意識を一旦白紙に戻さなくてはならない」「子どもはもともと群れたがるもの」という回答もありました。

ヒトは密の力によって知を集積し、絆を結び、今日の繁栄を築きました。社会的動物であるヒトの成長には共に学ぶことが不可欠だからこそ、公教育のシステムが創り上げられました。群れたがり、スキンシップを求める子どもにとって、ポツンと黙っての給食はかなりのストレスでしょう。子どものストレスと学びの水準維持に配慮し、それぞれの学校の事情に合わせた3密対策を立てなければなりません。

消毒に関する誤解と混乱

消毒薬やマスクなど感染防止対策用の消耗品・備品の不足に加え、情報の少なさ、曖昧さも現場を悩ませました。

「保健衛生用品が手に入らない。または非常に高価である。何回もホームセンターや百円均一ショップに通った」「次亜塩素酸水のように、後から使用しないようにと連絡が来るが、何が新型コロナ対策に適しているのか知りたい」「放課後、清掃、消毒を行っているが、時間も限られるなか、どこまで消毒をすればよいのか基準がわからない」「教室での、ぞうきん・水筒・食事中のマスク等の置き場所をどうするか」「アルコールアレルギーの児童への対応はどうすればいいのか」……。

こうした疑問と戸惑いの声は数限りなく寄せられました。それらの疑問のなかには、「衛生管理マニュアル」が対処方法を示しているものもかなりあり、たとえば、消毒を必要とする場合の作業方法等については、次頁の表のようにアドバイスをしています。

夏に向かい、「熱中症対策とコロナ対策の両立に困惑している」という回答も多数ありました。「暑くなる中で、マスク（子ども）やフェイスシールド（教員）をし続けるのが苦しい。熱中症のリスクも高くなる。集団生活の中でどのような工夫をし、未然に防いでいくかが課題だと思う」。こうした疑問に対し、同マニュアルでは、「**気温・湿度や暑さ指数（WBGT）が高い日**には、熱中症などの健康被害が発生するおそれがあるため、**マスクを外してください**。マスクを外す場合には、できるだけ人との十分な距離を保つ、近距離での会話を控えるようにするなどの配慮をすることが望ましいですが、熱中症も命に関わる危険があることを踏まえ、**熱中症への対応を優先**させてください」としています。

疑問点や悩みの訴えが多いなかで、創造性を発揮した工夫の報告もありました。

「子どもは一日に何度も手を洗うので、小さなハンカチではすぐに濡れてしまって使い物にならない。そこで教室に移動式ラックを用意し、1台に5人分の洗濯ばさみを取り付け、タオル掛けとした（28頁の写真参照）」「教室の机や椅子等を除菌するためのタオルと、普段の掃除で使用する雑巾の置き場所の区分けで実践していることがあったら教えてほしい。雑巾掛けは結構高価で、約30クラスある本校では全教室に新たに設置する対応は厳しい。本校では統一的な対応が難しかったため、各学年・クラス対応でお願いしている。たとえば教室の後方にヒモを張って干したり、洗濯物干しを利用したり、雑巾掛けを上下に分けて使用したりしている」「職員室にホワイトボードと校舎配置図を準備し、消毒が完

消毒に関する疑問・悩み　解決のヒント

学校事務職員から寄せられた疑問・悩み

放課後、清掃、消毒を行っているが、時間も限られるなか、どこまで消毒をすればよいのか。

どこまで清掃・消毒すればよいのか基準がわからないので丁寧に行うと、また負担が大きくなってしまう。

次亜塩素酸水のように適していないから使用しないようになどあとから連絡が来るが、何が学校現場で新型コロナ対策に適しているのか知りたい。

「衛生管理マニュアル」*によるアドバイス

●床は、通常の清掃活動の範囲で対応し、特別な消毒作業の必要はありません。

●机、椅子についても、特別な消毒作業は必要ありませんが、衛生環境を良好に保つ観点から、清掃活動において、家庭用洗剤等を用いた拭き掃除を行うことも考えられます。

●大勢がよく手を触れる箇所（ドアノブ、手すり、スイッチなど）は1日に1回、水拭きした後、消毒液を浸した布巾やペーパータオルで拭きます。また、机、椅子と同じく、清掃活動において、家庭用洗剤等を用いた拭き掃除を行うことでこれに代替することも可能です。

●学校の設置者及び学校長は、消毒によりウイルスをすべて死滅させることは困難であることを踏まえ、手洗い・咳エチケット及び免疫力の向上という基本的な感染症対策を重視し、本衛生管理マニュアルの「1）普段の清掃・消毒のポイント」を参考としつつ過度な消毒とならないよう、十分な配慮が必要です。

●物の表面の消毒には、消毒用エタノール、家庭用洗剤（新型コロナウイルスに対する有効性が認められた界面活性剤を含むもの）、0.05％の次亜塩素酸ナトリウム消毒液、一定の条件を満たした次亜塩素酸水を使用します。それぞれ、経済産業省や厚生労働省等が公表している資料等（衛

＊学校における新型ウイルス感染症に関する衛生管理マニュアル～「学校の新しい生活様式」～（2020.12.3 Ver.5）文部科学省　https://www.mext.go.jp/a_menu/coronavirus/mext_00029.html

生管理マニュアルの別添資料8～11参照）や製品の取扱説明書等をもとに、新型コロナウイルスに対する有効性や使用方法を確認して使用してください。また、学校薬剤師等と連携することも重要です。

トイレの消毒はどうすればよいのか。便器の内側までやるのか。

●トイレや洗面所は、家庭用洗剤を用いて通常の清掃活動の範囲で清掃し、特別な消毒作業の必要はありません。

そもそも消毒に意味があるのか。しっかり手洗いをすればよいのではないか。

●消毒は、感染源であるウイルスを死滅させ、減少させる効果はありますが、学校生活の中で消毒によりウイルスをすべて死滅させることは困難です。このため、一時的な消毒の効果を期待するよりも、清掃により清潔な空間を保ち、健康的な生活により児童生徒等の免疫力を高め、手洗いを徹底することの方が重要です。

図書館の本や遊具の消毒はどうすればよいのか。

●器具・用具や清掃道具など共用する物については、使用の都度消毒を行うのではなく、使用前後に手洗いを行うよう指導します。

アルコールアレルギーの児童への対応はどうすればよいのか。

●手指用の消毒液は、流水での手洗いができない際に、補助的に用いられるものですので、基本的には流水と石けんでの手洗いを指導します。

●石けんやアルコールを含んだ手指消毒薬に過敏に反応したり、手荒れの心配があったりするような場合は、流水でしっかり洗うなどして配慮を行います。

感染防止の取り組み

何度も手洗いをするうち、びっしょり濡れてしまう子どもたちのタオルハンカチ。移動式ラックに洗濯ばさみを取り付け、タオルかけとして活用。
滋賀県長浜市立朝日小学校

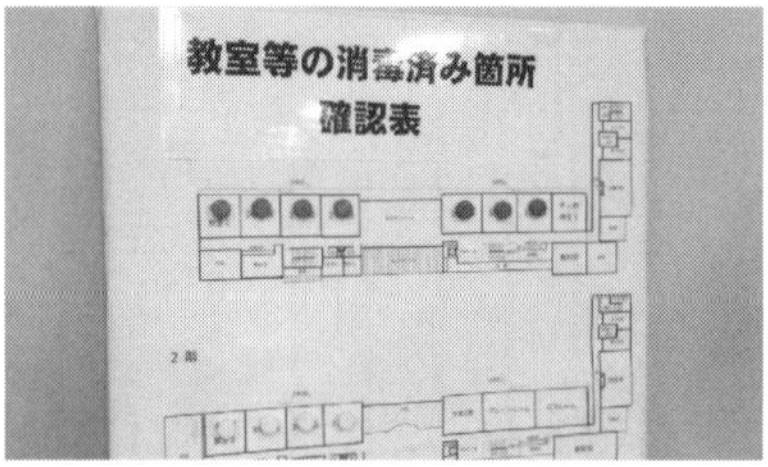

放課後、教室の消毒作業を実施し、「消毒済み」の札を掛ける。職員室にホワイトボードと校舎配置図を準備し、消毒が完了した部屋にマグネットを置き、消毒済み箇所が一目でわかるようにした。
千葉県山武市立成東東中学校

市から支給されたデスクシールドを養生テープで机に固定して活用。授業はもちろん給食時にも大活躍している。
三重県亀山市立関中学校

了した部屋・消毒済み箇所が一目でわかるようにした（右頁の写真参照）」など。

アンケートの回答からは、何が正解かがわからないなかで不安と闘い、試行錯誤を繰り返している様子がうかがえます。学校の努力だけでは感染防止上の必要な知見を十分には獲得できません。自治体・教育委員会が指導力を発揮し、学校が安心して対策を進められるよう、学校設置者としての責任を遂行すべきです。

エアコン使用時の換気というジレンマ

エアコン使用時の換気についての疑問や悩みもたくさん寄せられました。

「換気のため窓を開けた状態でエアコンをつけているが、どこまで窓を開ければよいか判断できない。平常時は30㎝ほど2カ所、対角線上になるように開けるとしていたが、今は複数箇所、半分ほど開けている」「エアコンをつけながら窓を全開にして扇風機を回しています。蚊などの害虫対策をどうしているか教えてほしい」「自治体レベルでエアコンの共通使用規定を定めているところはあるのでしょうか」。

「衛生管理マニュアル」では、エアコンの多くは室内の空気を循環しているだけで室内の空気と外気の入れ替えを行っていないことから、エアコン使用時においても換気は必要とした上で、「**換気は、気候上可能な限り常時、**困難な場合はこまめに（30分に1回以上、数分間程度、窓を全開する）、**2方向の窓を同時に開けて行うように**」とし、**廊下側と窓側の窓を対角に開けること、窓を開ける幅は10～20㎝程度**を推奨。「体育館など広い空間の換気」

についても、「換気は感染防止の観点から重要であり、広く天井の高い部屋であっても換気に努めるように」としています。

また、「**冬季における換気の留意点**」として、冷気が入り込むため窓を開けづらい時期ではあるが、空気が乾燥し飛沫が飛びやすくなること、季節性インフルエンザが流行する時期であることから、可能な限り常時換気に努めることとし、寒すぎて難しい場合は、30分に1回以上、少なくとも休み時間ごとに、窓を全開にするよう求めています。さらに、室温低下による健康被害の防止策として、子どもたちに暖かい服装を心がけるよう指導したり、校内での防寒着の着用についても柔軟に対応するようアドバイスしています。

なお、「教委が全教室に加湿器を整備している」という自治体もありました。理化学研究所が行った模擬実験によると、湿度30％では、口から出た飛沫は乾燥して小さくなり、空気中を漂うエアロゾルになって周囲に拡散し、飛沫全体の6％が1・8m先に座った人に到達。しかし、湿度60％と90％のときは、同距離の人への飛沫の到達は2％に抑えられました。ちなみに、2020年11月9日、新型コロナウイルス感染症対策分科会により出された緊急提言では、寒冷地における新型コロナ感染防止等のポイントとして「適度な保湿」をあげ、具体的には、**湿度40％以上を目安**としています。

また、「夏季休業中に授業が行われるが、特別教室にエアコンがない」「エアコンの設置も普通教室のみなので早急に特別教室（音楽室や美術室等）の設置を望んでいる」など、エアコンがない悩みの訴えもありました。

文部科学省は2020年9月30日、全国公立小中学校のエアコン普及状況の調査結果を公表。それによると、普通教室のエアコン（冷房）設置率は、同年9月1日現在、前年比15・7ポイント増の92・8％に到達しました。3年前の設置率と比べると、43・2ポイント増という驚異的な伸びであり、その背景には、近年の猛暑と熱中症事故の多発に対応して、2018年度に文部科学省が予算措置を行った1年限りの「ブロック塀・冷房設備対応臨時特例交付金」の効果があると思います。都道府県別の設置率（普通教室）は、茨城、埼玉、東京、富山、滋賀、京都、兵庫、鳥取、広島、山口、徳島、香川、大分の13都府県が100％を達成し、寒冷地の北海道、秋田、青森を除く他の県も85％を超えました。

一方、特別教室への設置率は全国平均で55・5％、また、体育館等への設置率の全国平均は5・3％と低率です。特別教室等への設置率の低さをなんとかしないと夏季休業中の学習には対応できないでしょう。また、体育学習における熱中症対策の観点と、学校が地域の防災拠点の役割を担う観点からは、体育館の空調も早急に推進しなければなりません。特別教室・体育館等の空調への予算措置を望みます。

パーティション、フェイスシールドの試行錯誤

「音楽の合唱や英語のチャンツ、国語の音読、体育や運動会の練習、レクや話し合い活動などができない。授業の進め方や学級づくりが難しい」「対話的で深い学びのためにはグループワークを行いたいが難しい」など、大きな声を出したり、対面の必要がある授業

やグループワークをどう実施するか悩んでいる学校も少なくありません。

　こうした課題については、「市全体で個人用のパーティションが配布されたほか、英語や音楽などの授業用に簡易なフェイスシールドも配布された」「村より教室用として、個人ごとのデスクシールドが支給された。付け外しが簡便で軽く、使わないときは机の横に下げることができます」「通級指導教室や日本語指導教室など口の形や発音等を学ぶことが多い教室には、技術職員の手作りアクリルボードを設置」などの具体策が参考になりそうです。予算措置が期待できない場合は、音楽の授業を「体育館」や「多目的ホール」で行うといった工夫をしている学校もあります。

「担任はフェイスシールドをして授業を実施。表情などがみえて良いとの意見あり。今後は児童分の購入も考えている」「フェイスシールドを活用することで、リコーダーの授業が可能になった」「児童の口元が見えることと、息苦しさの軽減のためにマウスシールドを全児童に配布」など、フェイスシールドなどを装着することによって、それまで控えていた教育活動が可能になったという報告が寄せられていますが、理化学研究所などの検証実験では、**感染防止策としてはマスクに及ばない**という結果が出ています。

　また、大阪府医師会は教育現場でのフェイスシールドの活用について、「相手の方からの咳、くしゃみの飛沫が本人の目に入るのを防ぐために使用するもので、自分の唾液や痰が相手に飛ぶのを防ぐための物ではありません」としています。「衛生管理マニュアル」にも、「フェイスシールドはしていたがマスクをしていなかった状況での感染が疑われる事例があったことなども踏まえ、感染症対策として、**マスクなしでフェイスシールドやマウスシールドのみで学校内で過ごす場合には、身体的距離をとるようにします**」とあるように、フェイスシールドやマウスシールドの使用には注意が必要です。

これを機にトイレの抜本的改修を

トイレに関する不安や悩みを訴える回答も少なくありませんでした。

現在、ほとんどの公共施設のトイレはドライ清掃方式*で、廊下の延長上に高低差なく設置され、モップや雑巾で掃除する方式ですが、学校のトイレは駅や公園などのトイレと同様、床に水を流し、デッキブラシで掃除をするウエット清掃方式*がいまだ主流です。

ウエット方式のトイレ床は、濡れた状態が継続するので細菌等の温床となりやすく、臭いも発生します。また、廊下との段差に起因する事故の防止や臭い対策として入り口にドアを設ける必要がありますが、そのドアはウイルス汚染の危険が高く、ぶつかり事故やガラス破損事故の多発箇所でもあります。学校のトイレには入り口にドアを設けないほうが安全です。

こうしたことから学校のトイレも、早急にドライ方式に切り替えるべきです。ドライ方式の場合、床に排水口がないことも悪臭の排除につながります。しかし、排水口がないと、

＊一般的に、固く絞ったモップ等で汚れを拭き取るやり方をドライ（乾式）清掃方式、コンクリートやモルタル、タイル等で仕上げた床に水を流しながら掃除をするやり方をウエット（湿式）清掃方式という。

トイレがひどく汚れたときに清掃は大丈夫かという不安が残ります。そこで、通常はドライ方式で管理し、汚れがひどいときには水を流せるように床を防水施工し、排水口をあらかじめ用意しておく方式＝セミドライ方式にすることもできます。この場合、通常は排水口を隠し蓋で覆っておきます。

トイレが廊下の延長であるという位置づけは、「トイレは汚い所」という子どもたちの意識の払拭にもつながります。トイレ内に棚を設けて花を飾るなどのハイグレード化も高い効果をもたらします。子どもたちに、校舎の改善についてどんな希望があるかを調査すると、トイレが最大の関心事であることが多いのです。また、トイレは人目につきにくく、中学校などでは生徒による施設破壊の対象となりやすい場所です。そこでトイレを抜本的に改善し、それまで非行生徒のたまり場と化していた場所を安らぎの場に変えようとする自治体も増えてきました。コロナ禍で学校トイレに注目が集まっているなか、すべての学校でトイレの抜本的改修が進められることを望みます。

感染症に対応する応急措置としては、壊れやすいトイレ排水口の椀トラップ*を点検・改修すること、手洗いの蛇口や小便器洗浄をセンサーで自動化すること、トイレ床をガラスコーティングするなど、衛生面の向上を図ることが求められます。

＊椀（わん）トラップとは、伏せたお椀のような形の被せものとその外側に溜まる水（封水）によって、悪臭と害虫を防ぐ構造の排水トラップをいう。

第3章　教育委員会との攻防

川崎雅和

強引な休校要請と教育委員会の追従

安倍首相の発した全国一斉の休校要請は、唐突で独断的なものでした。学校は混乱の極みに達し、子どもたちは不安にさいなまれました。突然の休校に職を失った保護者もたくさんいました。多くの識者は一斉休校の妥当性に強い疑問を表明しました。今後、このような混乱は二度と起こしてほしくありません。そこで、首相の休校要請に法的妥当性はあるのかを検証してみたいと思います（休校要請から学校再開までの大まかな動きについては、第1章の冒頭に掲載されていますのでご参照ください）。

首相の要請が行われたのは、2020年2月27日、第15回新型コロナウイルス感染症対策本部会議の席上です。その内容は、全国の小中学校、高校、特別支援学校に対し、3月2日から春休みに入るまで一斉に臨時休校を行うというものでした。

これを受けた文部科学省は翌日、臨時休校に関する通知を全国に発信。通知には休校の期間や形態については、各学校設置者の判断を妨げるものではない旨が明記されました。複数のメディアが、文部科学省にも事前の相談はなかったようだと報じました。

ところが、ほとんどの自治体がこの要請を受け入れ、そこからは上を下への大騒ぎです。文科省の通知が出されたのは2月28日の金曜日。週明け月曜日からの休校ということで、学校は何が何やらわからないまま、全員総出であたふたと休校の準備に取りかかりました。その混乱の広がりと深刻さは本書がレポートしているとおりです。

さて、首相による休校要請は法的に妥当なものであったのか、本当に必要なものであったのでしょうか。

「日本国憲法」と「教育基本法」は、教育行政は法律の定めるところにより実施されるものであると規定しています。義務教育学校については、市町村に設置義務があり、市町村の自治事務として教育委員会が管理・運営することが「学校教育法」や「地方教育行政の組織及び運営に関する法律」で定められています。そして、国と地方の関係は地方分権の推進によって対等なものであることが「地方自治法」等により定められています。したがって、地方の自治事務に対する国の要請はできるだけ抑制的でなければなりません。

とりわけ学校の臨時休校については、「学校保健安全法」20条が、「学校の設置者は、感染症の予防上必要があるときは、臨時に、学校の全部又は一部の休業を行うことができる」と規定していることから、国が休校を指示することはできません。要請を行う場合にも、各教育委員会の自主的判断を阻害するものであってはなりません。

今回の休校要請はどうやら首相の独断的な政治判断でなされたようであり、要請を発するに値する強固な合理性も認められません。教育関係者は、このような無謀な権力の行使が子どもや保護者、学校職員にどれほどの災いをもたらしたかを銘記し、今後も発生し得る緊急事態における行政権力の行使に警戒を怠らないようにしなければなりません。

また、感染者が一人も出ていない自治体の教育委員会までが国の方針に盲従したことは、これまで営々と築き上げてきた地方分権を大きく棄損するとともに、教育行政の独立性をも脅かすものといわざるを得ません。教育委員会はそのことを厳しく見直し、次項に示すようなコロナ対策予算の執行に最大限の支援をしてほしいと思います。

逼迫する予算のやりくり

アンケートには、学校予算の逼迫と品薄な衛生用品確保の苦労をめぐる回答がたくさん寄せられました。マスク、アルコール消毒液、パーティション部材など感染対策物品の購入経費、水道蛇口のレバーへの取り換えなど設備改善経費が大きくふくらみ、校内予算の執行計画の歯車は大きく狂わされました。

「エアコン使用の際に換気も行っているが、デマンド値の上昇や電気使用量の増加が予想されるため、市町が補正等を行ってくれるかが不安。他の費目から光熱水費への流用を指示される可能性もある」「行事が中止・縮減された場合の予算は流用できないと言われた。有効活用のために流用ないしは補正できないかお願いしている」。

一方、非常事態を学校財務確立のチャンスとして生かした経験も報告されました。

「予算委員会では、教科を中心に本当に必要なものに限り請求してもらった。事前に教科主任・管理職・事務職員の三者で協議し、その物品がないと本当に授業ができないのか、代替物はないのか等を検証した。また、ある程度弾力を持たせて、年末前後に予算に余裕があるようなら、2回目、3回目の予算委員会を開く予定。行事委員会や給食委員会など例年ならあまり参加しない会議にも積極的に出て、消毒関係や行事等の縮小による物品購入を伴う議論に予算面から意見を挟ませてもらった」。

自治体から学校に配当される公費予算は、自校の教育計画を十分に保障するレベルには至らないことが多く、ほとんどの学校では保護者に教材費等を負担してもらっています。タイトな予算状況のなか、例年、公費予算の使い道は硬直的にならざるを得ません。そこにコロナ禍が加わって、多くの学校は大幅な予算組み替えを迫られることとなりました。それは大変な作業であったと思いますが、補正予算編成のプロセスを確立したり、公費と保護者負担費との有機的なつながりを強めたり、さらにはすべての学校職員が予算の編成に協働的に参画する仕組みをつくるなど前進を図った学校もありました。

突然の休校により、学校給食の運営に関しても苦労が多く、修学旅行や校外学習についての不安や心配事も少なくありませんでした。

補正予算をめぐる混乱

こうしたなか、文部科学省は2020年5月27日、第2次補正予算の一環として「学校再開に伴う感染症対策・学習保障等に係る支援経費」を1校当たり上限額100万~300万円程度の範囲で手当てすると発表。この支援経費の使い道は「学校等の必要に応じて支援メニューから自由に選択可能」とされていました。当然のこととして、補正予算の執行計画を全面的に各学校の判断に委ねた自治体が多かった一方で、この執行方法をめぐって各地で混乱が多発しました。次のような報告は、その典型といえるでしょう。

「市の補正予算議決等を経ないと予算が下りず、最短でも秋では熱中症対策に不安がある（そもそも全額認められるか未定）。さらに、消耗品費、備品費、手数料等といった費目（節）に縛られて節間流用ができないと聞いているが、柔軟な運用ができなければ厳しいのではと思った」「国から下りてくるはずの予算を市教委が先に使ってしまう。市が一括で購入すると安くなるのはわかるが、これ以上、非接触型体温計はいらない。ペーパータオルも使わない。これらの代わりにアルコールがもっとほしい。そういった要望の引き上げもないままに使われてしまっている。各学校で事情が違うということを理解していないことに憤りを感じる」「政府から各学校に100万円交付されるという話が来ているが、明確にＣＯＶＩＤ-19にかかるものでなければだめだと地教委から言われ、何回も要求書を出し直している。政府から学校への資金援助は自由に使わせていただきたい」。

しかしその一方で、教育委員会への予算計画の提出期限が1週間しかないなか、学校の運営委員会で各部長に情報を公開し、部会ごとに予算要求をあげてもらい、管理職と事務職員で全体のバランスをみながら予算調整をして提出したという学校もありました。そしてこの経験を「部長を中心とした部会等で予算を考えることで、今後の見通し、現在の状況、問題点の見直し等を考えるよい機会となった」と前向きにとらえています。

1998年の中教審答申「今後の地方教育行政の在り方について」の発表以来、自主的・自律的な学校経営推進のため財務権限の大幅な移譲が各地で進められました。そうした観点からも、今回のような補正予算の執行については、たとえ短期間であったとしても学校の要望を確認すべきであり、教育委員会は大まかな執行可能品目の例示に限定して権限を行使すべきでした。学校長に予算の執行権限（支出負担行為の専決権）を移譲しておきながら、個別の購入品目まで事前チェックするのは正常なやり方とはいえません。

今回の補正予算交付に対する教育委員会の対応のあり方は、学校の自主的・自律的経営を自治体がどれだけ尊重しているかを測る試金石であるといえます。この機会に研究団体等が全国調査を実施し、補正予算の執行過程を比較検討し、公表されることを望みます。

教育委員会の無理解な対応

教育委員会が学校現場の混乱を理解していない事例はこのほかにも多数ありました。「教委から物品の配給があるが、学校では使いづらいものが届く。簡易調査でもよいので現場の意見を聞いてほしい。例：曇り防止機能のないフェイスシールドが届く等」「マスクの手洗いなど現実的でない対応を求められる」「教委の方針に従って真面目に対応していると、ヒトもカネもモノも足りない。国庫補助金が来たとしても、現状ですでに執行されているため、後出し的な補助金が有効利用できない可能性があり不安」「膨大な関係文書が市教委を通じて流されてくるが、内容を読み切れないでいる」。

学校現場に無理解な教育委員会の体質は今に始まったことではありませんが、緊急時はなおのことイライラするでしょう。しかし、関係を再構築する好機でもあります。私の知るかぎり、教育委員会事務局が学校の事務処理状況をよく把握し、適切な支援を行ってくれる良好な関係にあるところは、ほぼ例外なく学校側からの働きかけによって定期的な連絡・協議の場が設けられています。無理解を嘆くのではなく、学校財務取扱要綱の制定を求めるなど具体的な改善提案をもって、根気よくアプローチすることが大切。とりあえず今回の補正予算執行に関しては、どのような混乱があったか、どんな改善方策が考えられるかなどを取りまとめ、協議の場を求めることをおすすめします。

任用・勤怠関係の事務についても、教育委員会の指導的な支援が求められます。

2020年度、「地方公務員法」の改正によって、非常勤・臨時職員制度が抜本的に改革されました。同一労働同一賃金の原則や、非正規であることを理由とした差別的扱いの禁止が、地方公務員にも厳しく適用されることとなったのです。

そこへコロナ禍に伴う休校が重なり、年度当初に実施された臨時的任用職員の会計年度任用職員への任用替えや、給与電算システムの変更、勤務時間変更等の事務で、多くの学校が混乱しました。アンケートにも、「会計年度任用職員の休業補償について不明点が多く、年間の勤務体制について検討が難しかった」「休業期間が突然変更されることが何度もあり、非常勤講師の勤務計画を度々変更する必要に迫られた」「給食調理員（臨時的任用職員）に新たな業務を見つけることに苦慮した（そうしないと欠勤＝収入減となる）」等の回答が多々ありました。

これらに加え、第2次補正予算での人材派遣事業（追加配置）も事務職員の負担増に拍車をかけました。たとえば、「社会人活用による非常勤講師の任用延長や学習支援の非常勤講師の任用など数々の加配があり、もともとは県費や市費による任用だが延長分は国費で賄うといったケースでは、２種類の報告書（出勤簿等）を提出しなければならない」など、煩雑極まりなさに悲鳴をあげている状況もみられました。

教育委員会が学校の実状を見極めた丁寧で的確な指導・支援を行うことを期待します。

急増する就学援助の申請

コロナ禍は、多くの人々に職を失わせ、２０２０年４月の生活保護申請は前年同月比24・８％増と大幅な上昇となりました。

ひとり親家庭への支援活動を展開するＮＰＯ法人「しんぐるまざあず・ふぉーらむ」らが全国のシングルマザー約１８００人を対象に、新型コロナの影響についてアンケート調査を行いました（２０２０年７月実施）。それによると、全回答者の70・８％が、勤務日数や労働時間の減少、収入減など、自身の雇用や収入になんらかの「影響があった」と答えています。「子育てをしながら自分が感染したらどうしよう」という極めて深刻な声も多く寄せられました。

全国一斉休校の影響については、全体の半数以上が、仕事を休んだり減らしたりするなどの影響を受けたと回答しています。また、学校給食がなくなったことで、食費が１カ月で１万円以上増加したと答えた世帯は約８割にも上りました。

中学生以上の子どもがいる世帯では、36・８％が自宅にパソコンやタブレット端末がないと回答。ネット接続のできない世帯や通信量を制限しなければならない世帯も30％を超えており、オンライン学習を十分に受けられない環境に置かれていることがわかります。コロナ禍の収束が見えないなかで、ひとり親家庭の困窮はますます進むでしょう。子どもたちの不安な気持ちを考えると、いたたまれない思いです。

こうした状況に向け、文部科学省は「新型コロナウイルス感染症に対応した持続的な学校運営のためのガイドライン」を各自治体に通知し、「就学援助等については、その認定及び学用品費等の支給について、申請期間の延長等、可能な限り柔軟な対応を行うとともに、新型コロナウイルス感染症の影響等により家計が急変し年度の途中において認定を必要とする者について、速やかな認定と必要な援助を行う」ことを指針として示しました。これを受けて多くの自治体では「新型コロナウイルス感染症の影響により家計が急変した世帯への就学援助のご案内」を保護者に周知し、就学環境を守る施策を進めているはずですが、今回のアンケートの回答を見るかぎり、現実はなかなか簡単ではないようです。

「市教委にいくら要請しても、国から要請されている家計が急変した世帯への就学援助の案内を出してくれない」「就学援助費が前年度の収入のみでの認定であるため、今年度に困窮している家庭には対応できない」。

こうした驚くべき報告がある一方、「給付金と連動しているのか、地教委側から『この保護者に就学援助申請書を渡してください』という連絡も7月現在何件か受けている」との回答もありました。教育委員会が各種のコロナ給付金・貸付金の情報をもとに、家計状況の把握を行っているのでしょう。

学校事務職員の活躍にも特記すべきものがありました。

「就学援助に関して家庭状況の変化をきめ細かく見極め、必要な家庭に行き届くように担任にもお願いをしておく」「コロナ関係で生活困窮世帯に就学援助申請が追加できるよう教育委員会に要望し認められた」「就学援助の案内をカラー用紙に印刷して全保護者に配布した」「教員に対して、失業者や収入減など家庭状況に変化がある家庭について情報を共有したいことや、就学援助の申請について柔軟に対応する旨、国から通知が来ていることなどを周知」などの回答は、まさに事務職員の面目躍如といったところでしょう。

学校は貧困対策のプラットフォーム

２０１３年6月、「子どもの貧困対策の推進に関する法律」が衆参両院で全議員の賛成によって可決、成立しました。この法律が誕生した背景には、経済格差によりわが国の子どもの「相対的貧困率」が極めて高いという状況があります。

相対的貧困率とは、対象者を所得順に並べたとき、真ん中に当たる人の所得の半分に満たない人の割合のことです。２０１８年の日本の子ども（17歳以下）の相対的貧困率は13・5％（厚生労働省「２０１９年 国民生活基本調査」）、つまり、子どもの約7人に1人は相対的貧困状態にあるということです。とりわけひとり親世帯では48・1％と、2世帯のうち1世帯は相対的貧困状態にあるという調査結果が出ています。また、２０１３年5月にユニ

2017年度 全国学力テストにおける世帯年収と平均正答率

（単位%）

家庭の年収	小学校６年生				中学校３年生			
	国語 A	国語 B	算数 A	算数 B	国語 A	国語 B	数学 A	数学 B
200万円未満	67.3	48.5	69.7	35.6	70.2	61.9	51.2	38.0
200万～ 300万円未満	69.6	50.7	72.0	38.9	71.8	64.5	54.9	40.3
300万～ 400万円未満	70.6	52.2	73.5	39.8	74.0	67.8	58.4	42.7
400万～ 500万円未満	73.2	55.3	76.7	42.7	75.6	70.0	61.2	45.0
500万～ 600万円未満	74.7	56.7	78.5	44.9	77.4	71.9	64.0	47.0
600万～ 700万円未満	75.5	58.2	79.1	46.5	78.8	74.4	67.0	49.6
700万～ 800万円未満	76.7	60.2	81.0	48.2	79.5	75.1	68.7	51.3
800万～ 900万円未満	77.8	61.5	82.6	50.4	81.1	76.8	71.2	53.5
900万～1000万円未満	79.0	62.4	84.2	51.2	80.5	76.4	71.2	53.5
1000万～1200万円未満	80.5	65.5	85.9	56.3	82.4	78.9	74.3	56.2
1200万～1500万円未満	81.4	66.6	87.1	57.1	82.8	79.6	74.4	57.5
1500万円～	82.3	66.7	87.4	58.9	82.5	78.8	73.9	56.8

資料：平成29年度「学力調査を活用した専門的な課題分析に関する調査研究」文部科学省の委託によるお茶の水女子大学の研究報告（2018.3.30）

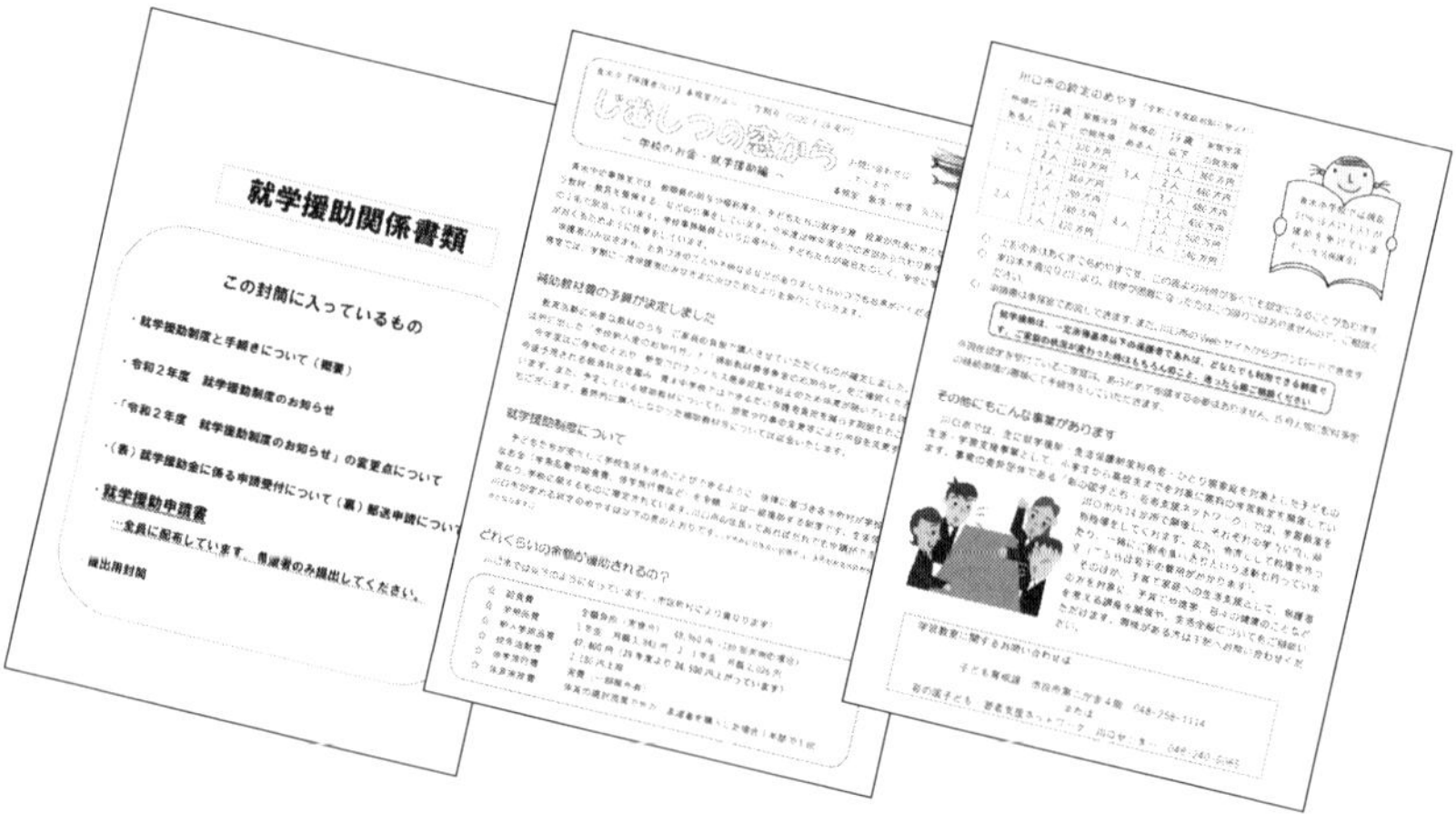

新型コロナ関連で発行された就学援助のお知らせ文書。左：申請書も含めた関係書類を入れ、全児童に配布された封筒の表書き（大阪府堺市立大仙西小学校）。中央・右：保護者向け事務室だより。就学援助制度についてきめ細かな説明がされている（埼玉県川口市立青木中学校）。

セフがまとめた報告書では、日本の子どもの相対的貧困率はOECD加盟国35カ国中9番目に高く、国際的にみても貧富の差が非常に大きい国であることがわかります。

さらに問題なのは、貧困な家庭は、子どもの学習や進学、就職に圧倒的に不利であり、貧困の連鎖が強く懸念される点です。ちなみに右頁の表は、世帯年収と学力テストの成績の関係を示したものですが、いずれの教科においても、おおむね世帯収入が高いほど子どもの学力が高い傾向がみられます。

「子どもの貧困対策の推進に関する法律」に基づいて内閣が策定した「子供の貧困対策に関する大綱」では、学校が「貧困対策のプラットフォーム」の役割を発揮し、子どもと家庭の状況を把握してさまざまな支援制度に誘導し、総合的なケアがなされることを期待しています。そこで学校職員は、まず生活保護の受給状況に目を配らなければなりません。生活保護は困窮度の高い世帯に対する国の扶助制度であり、その一部である教育扶助は、子どもたちの就学を保障する根幹的制度であるからです。

わが国では、補助を受ける資格があるにもかかわらず生活保護を受けていない「要保護者」が非常に多いのが特徴です。要保護者のうち、実際に保護を受けている人の割合を捕捉率といいます。わが国の捕捉率に関わるデータとして、2018年、厚生労働省は所得が生活保護の基準を下回る世帯のうち保護を利用している世帯は22・9%という推計結果を発表しています。研究者の推計でもほぼ2割以下となっており、かなり低い割合です。

一方、欧米諸国をみると、ドイツでは働ける年齢層への生活保護に相当する「失業手当

Ⅱ」の捕捉率は85~90％、イギリスの「所得補助」の捕捉率は87％といわれており（日本弁護士連合会「生活保護法改正要綱案」2011年2月、第2版より）、おしなべてわが国をはるかに超える水準の社会保障を実現しています。こうしたことから要保護の状態にある家庭をいち早くキャッチし、速やかに生活保護につなげることが重要になってきます。

一方、就学援助制度は、生活保護の要保護には該当しないけれども、それに準ずる困窮度にある家庭（準要保護世帯）に対する自治体の支援制度であり、自治体ごとに対象者の範囲も給付内容も異なります。コロナ禍で学校全体が危機的多忙に陥っている現在、こうした就学支援に関する事務は、学校事務職員が中心になってきめ細かな配慮のもとに進められることが期待されます。

京都市の取り組みと学校事務職員の役割

学校が子どもたちを見守るプラットフォームの役割を発揮した一例として、学校長に就学援助の認定権を下ろした京都市の事例を紹介します。

同市では、就学援助の申し込みは学校が受理し、学校において審査し、学校長の権限によって認定を行っています。火災や風水害、暴力からの緊急避難等の例外は除き、離婚・死亡・借金の返済・失業・収入の激減等の事情による申請も学校長が所得状況を確認して認定することができます。申請から承認までの一連の流れは、教員の負担とならないように、主に学校事務職員が所管しています。

こうした制度改善によってどのような成果が期待できるかを、２０１３年、京都市の学校事務職員研究会が次のように発表しています。

①添付書類の不備、誤った認定による返戻・未交付、交付申請漏れが改善できる。

②学校長認定のメリットを最大限生かし、制度が必要な家庭への支援や迅速な認定と補助金交付ができるようになるとともに、未納家庭に就学援助制度を促しやすくなる。

③主体的な事務職員の関わりで、学校の経営力、組織力が向上する。

事務職員が就学援助の認定などに深く関わることによって、子どもたちの学習支援にも効果があることが報告されています。

京都市立中学校の事務職員Mさんは、就学援助の申請受理や認定事務などを通じて、補助対象生徒の学習や生活の様子も気にかかるようになりました。同校では、夏休み明けに理科の優秀な自由研究が展示されますが、そこに就学援助を受けている生徒の作品がないのに気づき、そのことを理科の教員たちに伝え、原因を探り合いました。援助を受けている家庭では、自由研究用の参考図書等を買ったり読んだりする環境があまりないのではないかという結論になり、その対策として、図書室に自由研究用の図書を購入したり、市立図書館の図書も借り出して夏休み前の事前学習を実施しました。

学校が子どもの貧困対策のプラットフォームとしての役割を担うことは、単に経済的支援にとどまらず、学習活動の支援にもつながることを実証する事例であると思います。

感染防止の取り組み

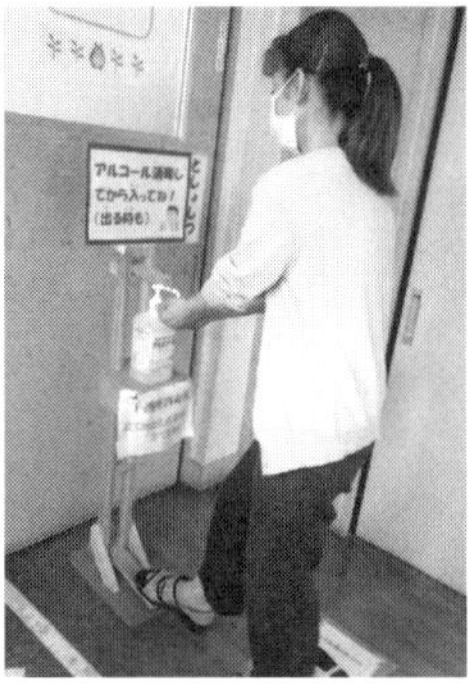

右：図書室や来校者用玄関等で活躍するアルコール消毒液の足踏みスタンドは用務員さんの手作り。今後は町内用務員会での製作を検討し、各学校への足踏みスタンド設置に取り組む予定。　佐賀県白石町立白石小学校

左上：夏場は、エアコン稼働中も換気のために開けた窓から熱気が入る。暑さをやわらげようと日除けを設置。　愛知県豊田市立寺部小学校

左下：「せっけんで洗う間は水を止めよう」等の掲示を貼り出し、20 秒間に流れる水の量を示すなどして節水の協力を促す。　石川県金沢市立犀川小学校

第4章　子どもたちのこころのなかで何が起こっているのか

小林正幸

新型コロナウイルス感染症がもたらすストレス

２０２０年12月３日時点で、新型コロナウイルス感染症による日本の死者は２２１３人に上り、累計感染者は15万人を超えています。大規模な災害が起きると、こころにさまざまな影響を及ぼします。本章では、心理学者ラザルスら（１９９１）のストレスコーピング理論*の観点から、コロナ禍が子どものこころに及ぼす影響を確認していきます。なかでも現代の教育問題の中核である「不登校」と「いじめ」の問題に及ぶ影響に注目し、これらの問題を予防するためにどのような対応が求められるのかを考えてみたいと思います。

さて、ストレスコーピング理論では、ストレスの原因を「ストレス因」とよび、その結果生じる心理的な不調を「ストレス反応」といいます。そして、ストレス因が直接ストレス反応を引き起こすのではなく、途中でストレス因への「評価」が介在すると考えます。「評価」とは、ストレス因の程度とストレス対処がうまくできるかどうかを値踏みすることであり、それがストレス反応に影響を与えるとされています。

「評価」の視点で見ると、今回の災害は福島第一原子力発電所の爆発事故に似ています。地震や津波のように多くの災害ではストレス因を感得できますが、放射性物質も新型コロナウイルスも目には見えません。恐怖は実在するものに感じる脅威であり、不安は目に見えないものに感じる脅威といえます。ウイルスへの脅威は、それをどう想像するのかという「評価」によって異なり、「評価」するためには情報に頼るしかありませんが、原子力災害同様、コロナ禍においても情報は不確実なものが多いのです。

加えて、コロナ禍のストレスには独特の特徴があります。コロナ禍の不安はじわじわと広がります。ピークを過ぎないかぎり、いつがピークかもわかりません。どこが安全かも不明で、世界のどこにも逃げ出せません。それ以上に感染症の特徴として、感染を媒介するもの、すなわちヒトを脅威として感じやすくなります。そのため人間の間で流行する感染症では心理的な分断が起きやすく、差別や攻撃を生み出しやすいのです。また、感染予防策として社会的な距離をとる必要がありますが、これが心理的な距離をも生み出します。したがって心理的支援には困難が伴います。社会的距離をとりながら安心感・安全感を与えることが難しいからです。

子どもたちのストレス反応の特徴

コロナ禍による子どものストレス反応は深刻です。国立成育医療研究センター（２０２０）の調査によれば、子どもの72％になんらかのストレス反応がみられたとされています。また、竹内（２０２０）は、冨永（２０２０）の開発した子どものストレスチェック調査を用いて、６月初旬に関西の小学４年生～中学3年生、約６００人を対象に調査を行い、分析

＊アメリカの心理学者リチャード・S・ラザルスらが構築したストレス対処行動の理論。ストレスの発生プロセスを、ストレス因→評価→ストレス反応の3段階に分け、ストレス因そのものを解決したり、ストレス因に対する自分の評価を変えることでストレス反応を軽減させるなど、さまざまな対処法を提唱している。

途上ながら緊急報告を行いました。それによれば、高いストレスを抱える割合は、中学生男子では熊本地震の直後に示した11・9％を数ポイント下回ったものの、小学生男子はこの数値を大きく超え、女子に至っては小学生、中学生ともに10ポイント以上も上回っていました。このように今回の感染拡大によって、子ども、とくに女子のストレス反応が高いことが示されましたが、これは災害で生じたＡＳＤ（急性ストレス障害）やＰＴＳＤ（心的外傷後ストレス障害）の発症率が女性に多いとされることと関連があるのかもしれません。

「おうち生活」による負荷の増大

先にふれたように、竹内（２０２０）の調査時期は２０２０年6月上旬であり、ほぼすべての学校が再開した時期に相当します。したがって、この結果は3～5月の3カ月間で蓄積されたストレス因の影響によるといえるでしょう。その期間は学校の休校だけでなく、外出制限（自粛）のエリアも広く全国に及び、経済活動の停滞は東日本大震災を上回りました。感染を避ける対処行動として「おうち生活」「3密回避」「ソーシャルディスタンス」などのキャッチコピーが出回り、日常生活は激変、行動様式にも変化が強いられました。人間関係の変化、家族関係の変化にも著しいものがありました。

学校事務職員を対象としたアンケート調査で「休校中」のストレス反応についてふれた回答としては、「生活習慣の乱れ」がありました。たとえば、「昼夜逆転している生徒や課題がはかどらない生徒もいる」「長く臨時休校だったせいもあり、生活習慣が戻っていいない子が思っていたよりも多い」などの記載がみられます。生活習慣の乱れは、不登校の発生要因とされがちですが、日常的なストレス因の増加により身体症状として生じた「ストレス反応」の一種とも考えられます。登校行動との関連では、「子どもたちのなかにはなかなかリズムをつかめず学校に登校できていない子もいる」との記述もあります。教員のように身近に接していなくても子どもたちのストレス反応が異変としてキャッチされるほど特異な状況であったといえるでしょう。

この期間の家庭の様子を点描すると、ふだん学校に通っていた〝通常〟の子どもにとっての「おうち生活」は、外遊び、塾、お稽古事などにも制限が加えられ、保護者のほうもテレワークなどでの在宅が求められることにより、仕事をしながら子どもの世話を行うなど負荷が増大。さらに、感染症予防のため経済活動が停滞するに及び、家庭内ストレスが増加したことが推測されます。このことが家族関係の変化をもたらし、虐待、DVなどの課題が顕在化したことも想像に難くありません。

休校中の家族の様子に事務職員が言及したものとしては、「共働き、核家族化により昼に子どもの面倒を見る場がないことの大変さ」といった記載もみられます。

その裏返しで、学校のもつ教育機能を再認識する内容も数多く見受けられました。たとえば、「(学校の存在によって)保護者が安心して働くことができ、社会が円滑に機能することを再認識した」「学校の大切さや授業の重要性、子どもにとって人々との関わりは人間形成に必要であると感じた」など。それらは保護者としての感想とも思われますが、家庭内に幽閉されていた子どもにとっては、学校生活の再開が、「おうち生活」からの解放や新学年開始への期待につながり、意欲づけられた側面もあるでしょう。

心理的距離をはばむ社会的距離

さて、事務職員へのアンケート調査の実施時期は6月下旬から7月初旬で、新学年での生活に臨んでから約1カ月が経過した時点です。そのなかに、学校生活内での子どものストレス反応に着眼した報告がみられました。具体的には、「過剰な手の消毒をする子」や「他の子の机や椅子に触れない子」が目立つとあります。これは、感染や接触への不安が強迫症状を生み出したものと理解できるでしょう。また、「ガラスの破損が異常に多発している」との報告がなされた小学校もあります。

前者の強迫症状は、集団生活を送る学校において教職員が校内環境を安全にするために数多くの細かい工夫を重ねてきたことと無縁ではないでしょう。「登校時の消毒・検温」「パーティション、フェイスシールド等の活用」「換気」「校内の消毒、掃除」「手洗いの励行」など、さまざまな配慮がなされたことが調査の記載内容の多さからもうかがえます。

なかでも多かったのが、「3密の回避、ソーシャルディスタンスの確保」での苦労に関する記述でした。たとえば、小学校では「子どもは『密』が大好きで、距離感を考えながら過ごすのが難しい」「子どもたちがどうしても密になってしまう」こと、中学校でも「3密を避けながらのコミュニケーションの難しさ」を指摘する声が多くありました。これらは「休み時間」での記述でみられ、大規模校では「休み時間ですら全学年校庭に出られない状況」などの指摘もありました。そのほか、ストレス因の増加を懸念する指摘が多かったのは「給食時」でした。「給食は間隔を空け、おしゃべりは一切なし。スペースに限りがあるため、学年によっては廊下で壁に向かって給食を食べている」「給食は個人の机で食べることとし、班の形に机を移動させないこととなった」との声もみられました。

休み時間にせよ、給食時にせよ、一般に心地よい対人関係を構築する場で、密を避けるように指導される理不尽さ。不安が高まると、それを解消するために他者との心理的距離を狭めようとするのは自然なことであるのに、その状況で物理的な距離をとることを求められるわけです。「社会的距離をとりながら安心感・安全感を与える」ことの難しさが端的にあらわれている場面だといえるでしょう。

さまざまな場面における会話の抑制は、感情表現の抑止につながります。感情は欲求の表出ですが、欲求が抑制されつづけた後で感情が発露された瞬間、欲求の表出は過剰になりやすい傾向があります。それが衝動的な動きを誘発し、感情のコントロールが難しくなると考えられます。「ガラスの破損の多発」は、そのことと関連するのかもしれません。

臨時休校による正と負の反応

子どもたちの登校の状況について、アンケートの回答は相反する方向に分かれました。第一は登校行動が増加している正の側面を示す子どもの姿であり、第二は逆に、登校しぶりや不登校など負の側面を示す子どもの姿です。

不登校の子どもが好転したことにふれたものでは、「昨年度まで長欠だった生徒が休校を利用して定期的に登校してきていたり、オンラインでの学習を進めているなど、頑張りがみえる」「不登校でもオンライン授業には参加した児童がいる等、必ずしも従来の形がすべてではなく、新しい形式の学校の可能性を感じた」などの記述がありました。

不登校状態にあった子どもの場合、臨時休校の期間は、意識の上で「登校しなければならない」と思うことから免除され、「欠席」の免罪符として機能したようです。結果、不登校のもたらす心理的な負荷は総じて軽減したと思われます。また、この時期には多くの学校で、他の子どもと等しく平等に教師から子どもへの接触が試みられました。遠隔授業が実施された学校では、課題に対して教師と一緒に向き合えることにより、学習意欲の向上がみられ、勉強に勤しむ子どもが増加した例が少なくありません。

その後の学校再開時には、分散登校や部分登校、小集団での授業、ソーシャルディスタンスの確保が必要でした。これらのことが、不登校の結果として上昇しやすい対人不安がそれほど高まっていない子どもの場合には、再登校への抵抗感をほど良く軽減するように作用した事例が少なからずみられました。このことは事務職員も感じており、「分散登校の時、不登校生が学校に来れることが多い」ものの、「一斉登校が始まったら不登校に戻る」ことを述べ、「不登校生は学校がイヤなのではなくて、40人学級にしんどさを感じているのでは?」と、この理由を的確に理解している記述がありました。

ここで、不登校の改善がみられた青森市の実践を紹介しましょう。青森市教育長の成田（２０２０）は、２０２０年７月22日に超教育協会のオンライン講演会で、その実践の成果を報告しました。それによると、青森市では臨時休業期間中に小中学校４校を推進校として、Zoomを使ったオンライン授業に取り組みはじめ、４月から本格的に実施。その結果、オンライン授業への参加率が高まり、最終日の５月22日時点で合計97％に上ったといいます。このうち２０１９年度末の段階で学校が「不登校」と認識していた子どもについても、かなりの数が遠隔授業に参加していたことがわかっています。

中学校では不登校の生徒の75％が遠隔授業に参加し、通常登校の再開以降２週間の状況を追跡したところ、これらの生徒の93％が登校していました。さらに、その後の登校率の維持について１週間ごとに調べたところ、93％の登校率が翌週には84％に下がったものの、その後の下がり幅はそれほど大きくなく、夏休み直前の登校率は、昨年度の約40％に対し、遠隔授業を実施した今年度は約70％と約30ポイントも高かったといいます。

ところが、アンケートでは、第二の負の側面として、こうした状況とは逆に「市内のどの学校でも休校明けに登校しぶりや不登校傾向が増加している」とする報告もあります。また、私立と公立の相違を取り上げ、「私立の小中学校は、４月から全員オンライン授業を受けていると聞いた。公立の小中学校は、休校の間は『プリント等の配布』『登校児童は預かるのみ』」との記載もみられます。

しかし、青森市の成功例のように、この現象は公立と私立の相違ではなく、地域間、学校間の教育格差の課題といえるのではないでしょうか。

ここまで述べてきたように、感染が拡大するなかで、再登校の兆候がみられたり学習に勤しむようになった場合と、問題が深刻化した場合に分かれることを示しました。そこで両者の違いをみることにしましょう。

まず、改善方向に向かった子どもには、次のような特徴が認められます。一つは、対人不安や緊張がそれほど強くなく、仲間関係が保てていること。もう一つは、教師の関わりに抵抗感が低いことです。また、子どもをめぐる環境の特徴としては、一つは、学校が在宅中の子どもへの温かい関わりを継続していること。二つめは、通常の授業開始後も学習指導要領の内容を充足しようとして子どもの緊張感を高めるようなことはせず、学校環境の居心地の良さを重視していることが指摘できるでしょう。

一方、感染拡大で悪影響を受けている子どももみられました。不登校の子どものなかにも感染の拡大以降、より在宅の方向に向かう子どもがいました。彼らの特徴は、恐がり、対人不安、緊張が強く、そのためひきこもりがちであること。また、より繊細で共感性の高い子どもも環境の脅威に敏感に反応し、ウイルスを恐がり、対人的な接触を避ける傾向が強まりました。より感情抑制的な子どもも在宅の程度が高まる傾向にありました。それらの子どもをめぐる環境の特徴は、保護者など重要な他者がウイルスを極度に恐れる傾向があること。また、家庭内のストレスが上昇している場合や、学校が早く元の状況に戻そうと必死である場合ほど、より子どもがひきこもっていく傾向がみられました。

学校を居心地の良い場にするには

私（小林、2021）は、阪神・淡路大震災以降の災害を取り上げ、災害後の不登校の推移を分析し、災害直後に「子どものストレス反応が上昇しても不登校は増えるとは限らないこと」を明らかにしました。そのことから、このコロナ禍においても当面、「感染症が広がる限りは、長期欠席は上昇しないように思われる」と推測しています。

ただし、今回の事態が収束した段階で、学校を元の状態に「復することを急げば、ストレスを強く感じている多くの子どもたちにとって、学校は苦痛の場所となる」こと、そして、「コロナ禍の後で、不登校は全国的により増加していく可能性が高い」ことを示した上で、「不登校の増減は、地域によって、教育委員会によって、そして、学校によって、結果は異なる」ものの、「上昇傾向に拍車がかかる地域は多くなり、その上昇に気づいたときには、取り返しがつかないほどの上昇」となっている可能性を指摘しています。

先に述べたように、コロナ禍における子どものストレスは主に「おうち生活」で増大しました。しかし、それは学校内でのストレス因とは無縁であり、不登校が学校での不快な体験によることはさまざまな調査研究により明らかです（たとえば、森田ら、2001）。

そして、多くの災害では、災害直後は学校が避難所として機能し、そこで対人的な結びつきを得ることができます。復旧のための共助の動きが生じやすく、その結びつきによって不登校が発生しにくくなるわけです。そのためこれまでの災害では、その後に不登校が減少もしくは現状維持にとどまり、増加しないように作用したのでしょう。今回のコロナ禍が人々の結びつきを「おうち生活」で分断し、関わりそのものを「ソーシャルディスタンス」で抑制したことには注意を払う必要があります。

また、学校からの接触が多いほど総じて再登校に結びつきやすいこと、とくに青森市の実践の成果にみるようなオンライン授業の活用により学習への参加が増え、不登校の子どもの再登校が増加したことから学ぶべきものは多いでしょう。

コロナ禍では、学校が不登校の有無とは関係なく、すべての子どもたちに学習を保障するかたちで在宅の子どもに支援の手を差し伸べました。オンライン授業を上手に活用するなら、その関わりをもって、不登校中の18万人（文部科学省「令和元年度 児童生徒の問題行動・不登校等生徒指導上の諸課題に関する調査結果について」より）をはじめ、長期欠席している子どもたちに教育を受ける機会を保障することはできないものでしょうか。予算と人員が無尽蔵にあるのなら、臨時休校中に作成されたコンテンツを集約し、在宅の長期欠席の子どもがいつでもアクセスできるように教育支援センターから配信したり、学校で行われている授業をそのままライブ配信するなど、方法はいくらでもあります。

とはいえ現実的にいえば、不登校の増加を抑えるために、私（小林、2021）は「子どもにとって、学校を居心地の良い場にすることが望まれる」としています。これが不登校を抑止するための大前提です。その上で、「コロナ禍で生じた人に対する恐さ、不安の克服を意識する必要」を指摘しています。コロナ禍特有の「人に対する恐さ」を克服するためには、人との信頼関係が必要になります。その恐さは、対人関係上での快適な体験や人との関係のなかで癒されるからです。

忍び寄るコロナいじめを防ぐために

一方、いじめの問題は、学校での対人的な距離への制限が緩められた段階以降に生じてくるおそれがあります。国立成育医療研究センター（２０２０）の調査によると、「もし自分や家族がコロナになったら、そのことは秘密にしたい」と回答したのは、子ども32％、保護者29％であり、「コロナになった人とは、コロナが治っても付き合うのをためらう（あまり一緒には遊びたくない）」と回答したのは、子ども22％、保護者７％と、決して少ない数値とはいえません。これらは、いじめの問題につながりやすい排斥への恐怖と、対人接触で生じる伝染への恐怖を数値化しているものであり、先に述べた「人への恐さ」を数値化しているともいえるでしょう。

これに関連するものとして、三浦ら（２０２０）は「感染する人は自業自得だと思うか」と尋ねる国際比較研究を行っています。各国ともに成人４００～５００人に質問したところ、日本では多くの人が「感染したことについて本人に全く責任がないとは言えない」と考えていることが示されました。発達心理学の知見では、病気になったときに自分が悪いと思う原因帰属意識は未熟な年齢で生じるとされています。子どもの病気に関する概念の発達では、「幼児期の子どもは、病気はいたずらなどの良くない行動を原因として起こるものと思っているが、小学校低学年の段階で感染や、細菌についての知識を持つようになり、11歳前後で大人と似通った知識を獲得する」というのが定説です（小畑、1990）。

ところが、一時期マスコミで取り上げられた「自粛警察」「マスク警察」などと称される動きや、感染者やその家族を攻撃・中傷し排除する傾向もみられました。これらの行いをしていたのは主に成人ですが、病気を自己責任として非難するのは小学校中学年以下レベルの未熟さといえます。ただし、その振る舞いの愚かさは、むしろ「人に対する恐さ」という感情の問題と「自己責任論」という価値観が、社会的に適切な関わりをするための思考を阻んでいると考えるのが適当でしょう。こうした大人たちの動きが子どもに及ぼす影響には十分な注意が必要ですが、根本の問題は「人に対する恐さ」と「自己責任論」の価値観であることを意識し、それを改善するための教育を行うことが必要でしょう。

「人に対する恐さ」に関しては、私たちのチーム（小林ら、2020）は、登校の有無にかかわらず主訴が改善した50例を分析し、対人不安傾向が高い事例に対して、支援者が「肯定的・存在受容」の関わりと、「主体性・主張性の育成」の関わりを多く行っていたことを明らかにしています。「肯定的・存在受容」の関わりとは、たとえば、「できることをさせ、成功体験を積ませる」「活動の選択肢を与える」「感情を言葉で表現するのを手伝う」など。また、「主体性・主張性の育成」の関わりとは、たとえば、「できないことをできないと表現させる」「自分でできるように手伝う」「自己理解を手伝う」「要求を断れるようにさせる」などです。これらの関わりが、「人に対する恐さ」の改善に有効であるといえるでしょう。

一方、「自己責任論」の思考の問題に関しては、感謝し感謝されるなかで「自己有用感」を向上させる必要があります。加えて、新型コロナ感染症の予防対処行動を身につけさせる際には、「〇〇しないと、病気になる」など脅威を強調する言葉かけを避け、学校での心理教育を正確かつ丁寧に行う必要があるでしょう。予防対処行動は、自分の身体を守るためでもありますが、周囲の大切な人を守るためでもあることを強調します。その上で、他者に自身の要求をどう的確に伝えるかに関して、先に示した「主体性・主張性の育成」の関わりを意識して行い、他者と妥協点を見出すさわやかな自己主張ができるようにすることを目指すのが効果的でしょう。すなわち、不適切な行動を制止したとしても、感情の表出を抑えつけないようにします。不快な感情の背後にある「他者にこのようにしてほしい」と願う自分の要求を意識できるように手伝います。その願いを他者に理解してもらえるよう言葉で表出できるように導くのです。それがスムーズにできるようになるために、関わる大人は、他者を尊重しながら、妥協点を的確に見出し、妥協点を見出したことに感謝を伝えるモデルを示すことを意識します。あわせて、怒りや身体反応などのストレス反応に気づき、それを緩和するストレスへの対処方法を教えることなども大切にしたい関わりです。このようにして、さわやかな自己主張が身につくようになっていくのです。

これらがコロナいじめの予防で学校が果たすべき役割であり、同時にいじめによって引き起こされる不登校の予防にもつながる関わりなのではないでしょうか。

【参考文献】

・小林正幸（2021）、不登校の子どもの〝今〟：コロナ禍の子どもたち、学校メンタルヘルス研究、23巻第2号、2021年1月刊行（予定）

・小林正幸・早川惠子・松添万里子・大月友（2020）、子ども・若者の適応障害に対する効果的な支援に関する研究（2）―状態像によって支援にはどのような違いがあるのか―東京学芸大学教育実践研究、第16集、63-72
Retrieved from http://www.u-gakugei.ac.jp/~scsc/bulletin/vol16/16_08.pdf

・国立成育医療研究センター（2020）、コロナ×こどもアンケート第2回調査
Retrieved from https://www.ncchd.go.jp/center/activity/covid19_kodomo/report/report_02.html

・リチャード・S・ラザルス著、スーザン・フォルクマン著、本明寛ら訳（1991）、『ストレスの心理学 認知的評価と対処の研究』、実務教育出版

・三浦麻子（研究グループ：平石界・三浦麻子・中西大輔・Andrea Ortlani・山縣芽生・三船恒裕・李楊）（2020）、新型コロナウイルス感染禍に関わる社会心理学研究（ウェブ調査）情報まとめ
Retrieved from http://team1mile.com/asarinlab/2020/08/22/covid19study/

・森田洋司（代表）・池島徳大・川嵜克哲・小林正幸・島和博・相馬誠一・滝充・牟田武生・山登敬之（2001）、不登校に関する実態調査―平成5年度不登校追跡調査―文部科学省委託研究

・成田一二三（2020）、遠隔授業が不登校の子どもにどう影響をもたらしたか、第11回オンラインシンポ「青森市教育長に聞く～不登校の子どもたちへの対応について」レポート、超教育協会
Retrieved from https://lot.or.jp/wp/project/2371/

・小畑文也（1990）、病弱児の「病気」の概念そのカテゴリー化の発達的変化と健康児との比較、特殊教育学研究、28,13-23

・竹内和雄（2020）、コロナ禍？ 子どものストレス、熊本地震直後より危険な状態？ 緊急アンケートからの警鐘（特に女子が課題）
Yahoo Japan News Retrieved from https://news.yahoo.co.jp/byline/takeuchikazuo/20200612-00182863/

・冨永良喜（2020）、Googleフォームでつくる学校版「健康アンケート&連絡ノート」試作
Retrieved from http://traumaticstress.cocolog-nifty.com/ver02/2020/04/index.html

第5章　オンライン学習の成果と課題

川崎雅和・安部友輔

コロナ禍は、学習のオンライン化を否応なく進めました。しかし、スムーズに推進できた学校は少なく、大きな課題が残されました。オンライン学習のシステムづくりで苦労した様子を、アンケートの回答から探ってみましょう。

「リモート授業や校内集会を行うにあたり学校のネット通信容量が極端に少なく、途中で断絶する」「オンライン授業をするためにはガイドラインや計画書、報告書の作成が必要で手間がかかる」「オンラインを活用するにあたり研修等が必要になってくるが、カメラ付きのパソコンが揃っていなかったり、研修時間の確保が難しい」「オンライン学習に対応できる職員が少なく、負担が偏ってしまった」「情報（ＩＴ）関連の専属職員を各学校1名ないし、地区に1名確保できないでしょうか」「私の勤める地域の公立小中学校は、世の中の情報環境とはかけ離れた状況であるように感じた」。

他方、「学校でしかできない（経験できない）ものとオンライン上でも可能なことが、より見えてきた気がする。不登校でもオンライン授業には参加した児童がいる等、必ずしも従来の形がすべてではなく、新しい形式の学校の可能性を感じた」など、新たな可能性に着目した回答もありました。

ＧＩＧＡスクール構想

コロナ襲来に先立つ２０１９年末、文部科学省はＧＩＧＡスクール構想を発表し、義務教育を受ける児童生徒に、１人１台の学習用端末を配布するとともに、高速ネットワーク環境などを整備するための予算措置を開始しました。一人ひとりに個別最適化され、習熟度などに応じた柔軟な学習を進めることで、子どもたちの力を最大限引き出すことを主目的とし、教職員の業務を支援する「統合型校務支援システム」の導入による教員の働き方改革も同時に進めようとするものです。

この構想が実現への一歩を踏み出したまさにそのとき、コロナ禍に襲われました。各地の教育委員会と学校は、急いでオンライン学習の展開を図りましたが、アンケートの回答にみられるように、準備不足・予算不足で課題が山積している状況です。

文科省の調査（２０２０年６月23日時点）でも、臨時休校中の学習指導等について、教育委員会等が作成した動画を活用した家庭学習を実施したのは小学校22％、中学校23％、それ以外のデジタル教材を活用した家庭学習を実施したのは小学校34％、中学校36％、受信側に教員はいないもののリアルタイムで講義を行い、教師と児童生徒双方からのやりとりが可能といった対面に近い状態での授業を行う「同時双方向型」のオンライン指導は、小学校ではわずか８％、中学校でも10％の実施にとどまっています（「新型コロナウイルス感染症の影響を踏まえた公立学校における学習指導等に関する状況について」文部科学省）。

しかし一方では、熊本市のように、タブレット端末と通信環境の整備を進め、全公立小中学校で一斉に同時双方向型オンライン学習の実施に踏み切った自治体もあります。

こうした状況のなかで、自校のオンライン学習を技術面で支える学校事務職員も出てきました。本章後段を執筆された安部友輔氏（埼玉県久喜市立栢間小学校）もその一人です。

オンライン学習の課題

家庭学習における克服しがたい問題の所在に気づいたとする回答も多く寄せられました。「ひとり親や共働きの家庭が多いため、時間が合わず双方向のオンライン学習に対応できないという家庭が多くあった。これは子ども用の端末がないなど、環境面とも深く関係している」「ICT環境が整っていない家庭をどうケアするか。タブレットは学校のものを貸し出せても、Wi-Fi環境の整備については、国・市町等、行政の支援がほしい」「家庭の教育力の差が歴然とし、上位層と下位層の広がりが大きくなったようだ。『親が子どもに勉強を教えられるか』が如実にあらわれている」。

本年度、小学校から実施が始まった新学習指導要領は、主体的・対話的で深い学び（アクティブ・ラーニング）の推進を大きな柱としています。広田照幸日本教育学会会長は、アクティブ・ラーニングのような主体性や意欲を大切にする学習方法は「家庭の文化・経済面での差や子どもの学力レベルの差を敏感に反映してしまう」と指摘しています（雑誌『世界』２０１７年3月号）。

ただでさえこうした危険性が存在するなか、オンラインでの家庭学習が進められることになれば、家庭の経済力・教育力の格差はますます顕著に影響することとなるでしょう。学校はここに十分な注意を払う必要があります。

特別支援学校からは「オンライン学習は、普通学校を対象にしたものであり、特別支援学校は〝枠外〟なんだと感じる。障がいのある子どもたちの学びの保障をどう行えばよかったのか、今後同様のことが発生した時に困るのではないか」との回答がありました。

わが国に居住する子どもたちは、国籍や障がい、貧困等さまざまなハンディキャップの有無にかかわらず、等しく教育を受ける権利をもっています。コロナ禍は多くの人の職を奪い、経済的苦境に立たせましたが、ハンディを背負っている人にとりわけ重い苦痛を強いているように思います。教育関係者は、子どもたちがそのような苦痛や不安を感じることなく、等しく学ぶ権利を享受できるよう、最大限の配慮をしなければなりません。教育機会は決して「身の丈に合わせて」提供されればよいなどというものではありません。

なお、萩生田文部科学大臣は2020年10月6日の記者会見において、「義務教育は対面、集団でさまざまな活動をするわけであり、授業を映像で見たか見ないかというだけでは学校の意味は果たせない」との認識を河野行政改革担当相及び平井デジタル改革担当相に伝えて両大臣の理解を得たとし、義務教育段階では「すべての授業がオンラインで代替できる、授業日数にカウントする、というのは今の段階では考えていない」と、オンライン化に慎重な立場を示しました。これについては、同年4月10日の初等中等教育局長通知「新型コロナウイルス感染症対策のための臨時休業等に伴い学校に登校できない児童生徒の学習指導について」が詳細な取り扱いの指針を示していますので参考にしてください。

ここからは、久喜市教育委員会委嘱「未来の公教育研究委員会」の中心メンバーとして校務支援システムの構築に携わる安部友輔氏にその実践報告をしていただきます。

オンライン化の実践

私（安部）は、大学・大学院でアルゴリズム（計算機科学の一分野、プログラミングの土台となる考え方）を研究した後、民間企業で3年ほどシステムエンジニア（ＳＥ）として働き、その後、学校事務職員に転職。２０２０年で5年目になります。この数年、とくに今年はコロナ禍の影響もあって、学校現場でもＩＣＴ活用のニーズが急激に高まってきたことから、前職で培ったスキルを予想以上に生かすことができ、ありがたく思っています。

実は、現在の仕事に就いた当初、システム開発は企業に委託するべきだと考えていました。しかし、今、そしてこれからの社会の動きのなかで、私たち自身が必要とするシステムをもっとＤＩＹ（業者や専門家にすべて頼り切らずに自ら作ること）し、仕組みを再構築し、さらに教育活動にも連動させていくことができるのではないかと感じています。

人々の言動に大きく影響を与えるものは、「ツール」と「ルール」と「フィールド」であると私は考えています。

「ツール」は道具や機械、インフラ、ＩＣＴなど、「ルール」は法令や慣習など、「フィールド」は信条や心情などです。この3つの要素はそれぞれ独立しているわけではなく、ツールを規制または発展させるためにルールが更新されたり、ルールが強すぎるとフィールドが反抗したり、ツールは知らず知らずのうちにフィールドに影響を与えていたりします。

今回の全国一斉臨時休校中、本校がオンライン授業に成功した理由をこの3つの要素から考えると、次のようになります。

・市教委によるタブレット端末整備、Zoomの無料申請とマニュアル配布（ツール）

・校長の積極的な指示（ルール）

・デジタルになじみのある若手の職員が多く、ベテラン職員がそれを後押しする風土があったこと（フィール）

・技術に詳しい職員がいて安心感があったこと（フィール）

3要素がバランス良く存在していたことがわかります。もしオンライン授業など新しい取り組みを立ち上げるときは、これらの要素のバランスがとれていると成功しやすいと感じます。何か要素が不足している場合は、その不足を補うためのアイデアや策を練ります。本校でも4～5月は分散勤務とオンライン授業という状況でしたが、分散勤務のグループ分けでICTが得意そうな職員を各グループに割り振り、フィールとツールのバランスを保つようにしました。また、職員同士も適宜、テレビ電話（オンライン授業で使ったものと同じ）を使い、技術的な疑問の解消や情報共有、ルールづくりなどを行いました。

テレビ電話はさまざまな可能性を秘めているので、コロナ禍でのリアルな授業の代替としてだけでなく、せっかくのこのタイミングに、その可能性を試してみる価値はあると思います。具体的には次のようなものが考えられます。

【出張のオンライン化】

多くの出張がオンラインで実施可能であり、コスト（出張費や移動の労力）も削減できます。

テレビ電話なら、資料や自分のＰＣ画面を相手の画面に映し出しながら話をすることもできますし、コロナ禍での電車移動等のリスクもなくなり、そもそも相手と物理的に接しないので、感染症対策が万全になります。

ただし、実際に顔を合わせて世間話をすることでストレスが軽減されたり、何気ない会話のなかに重要な情報が隠れていたりと、リアル出張のメリットもあります。オンラインによるコスト削減とリアル出張のメリットを天秤にかけたり、そうしたメリットが得られるような代替手段を考える必要もあるかもしれません。

【オンラインのほうが参加しやすい人の窓口として】

不登校の子どもたちがオンライン授業なら参加できたという話を耳にします。授業だけでなく、カウンセリング等についてもオンラインの窓口を用意することは意義あることだと思います。また、身体に障がいがある場合も、オンラインなら授業やコミュニケーションに参加しやすくなります。同様に、教職員にとっても心理面・身体面で参加しやすい窓口となる可能性があります。

【新たなコミュニケーションの機会を創出】

オンライン授業に慣れてくると、市内の他の学校の児童生徒とつないでグループワークなどもできるようになります。「G Suite for Education」（以下、「G Suite」と略す）などのクラウド環境で「共同編集」という機能があり、ウェブ上で、かつリアルタイムでファイルを同時に編集することができます。テレビ電話をしながらの共同編集は、リアルな世界で話しながら模造紙に一緒に図や文章を書き込んでいるのと同じようなものです。

少子化が進む現在、いつも同じ友だち（や同じ先生）としかコミュニケーションをとれない環境が増えてくるかもしれません。他の学校や海外等と気軽につながることができれば、新たなコミュニケーションの機会を創出できます。また、グループの組み合わせが変われば、グループワークで出来上がるものも変わります。一対一のつながりを創るだけでなく、組み合わせのバリエーションによって可能性はさらに大きく広がります。もちろん子どもだけでなく、私たち大人の可能性も広げてくれるでしょう。

未来の公教育研究委員会

ＧＩＧＡスクール構想でもクラウド活用が謳われていますが、久喜市では２０２０年５月、コロナ禍のなかでGoogleのクラウド環境である「G Suite」を導入しました。クラウド環境を導入すると、主に次のような恩恵をすぐに受けることができます。

①データの共有がしやすい
②アカウント付与によってクラウド上で個人が認識できる
③各社のさまざまなアプリが使える

よくいわれる「1人1台端末」というハードウェア面に加え、「1人1アカウント」でクラウド環境を構築することにより、小宇宙と契約するかのような数々の情報やサービスを手に入れることができます。クラウド環境を導入してすぐに得られる①〜③の恩恵だけでなく、「G Suite」には、ＧＡＳ（Google Apps Script）というローコード（Low Code）、つまり「少ないコードでＯＫ」な環境が用意されています。ＧＡＳには、Google版オフィス（ワード、エクセル、パワーポイント等）、マップ、翻訳、カレンダー、フォーム（ウェブアンケートアプリ）など、Googleアプリを利用するためのインターフェースであるＡＰＩが用意されているので、それらを組み合わせるコード（＝プログラム）を書くことによって、さまざまなシステムをＤＩＹすることができます。たとえば、スプレッドシートというGoogle版エクセルからデータを読み取ってカレンダーに予定を自動追加したり、翻訳を使って文書の文字を自動変換したり、フォームの選択肢を動的に更新することもできます。

ローコード（Low Code）に対して、ノーコード（No Code）、つまり「コードを書かなくてＯＫ」なものもあります。ローコードのほうは、ある程度プログラミングを学習する必要がありますが、作れるものの自由度は高いです。

先に述べたように、数年前までシステム開発は基本的に企業に委託したほうがよいと考えていました。システム開発はオーダーメイドが多く、その運用や更改も含め費用はかなりの金額に上ります。しかし、発注する側はＩＣＴのことがよくわからず、システム会社のほうは顧客の業務内容がよくわからないため、互いの認識のすれ違いが積み重なって、出来上がったシステムがイマイチという事案も少なからずありました。

一方、システムをＤＩＹできれば自分たちの求めているものが作れるし、それがうまい具合に発展すると、学校全体の多様なニーズに対応できる仕組みの実現につながります。

また、プログラミング教育やＳＴＥＡＭ教育（科学、技術、工学、アート、数学の5領域を対象とした理数教育に創造性教育を加えた分野横断的な学び）が上辺だけではないレベルで求められているという背景もあります。今の子どもたちが大人になるまで待つのではなく、私たち自身が自分の仕事や環境をアップデートしていくことで、子どもたちの教育にも好循環をもたらすことができるのではないかと考えています。

そして、それらを実現するため２０２０年度から、校長（委員長）、教頭、教務、養護教諭、事務職員の20名のメンバー（事務職員が半数）で、久喜市教育委員会委嘱「未来の公教育研究委員会」がスタートしました。ＧＡＳを勉強しつつ校務支援システムを作っていくプロジェクトです。現場で実際に働いている職員が自分たちが必要とするシステムを開発し、作ったシステムを市内全校に普及させていきます。

現在は開発中の段階ですが、うまくいけば現場に根ざしたシステムを市教委の方針として提示する（ボトムアップかつトップダウン）という、従来はできなかった構造を実現することができます。さらにもっと広く、この仕組みや研修内容を他の市町村でも展開できるようにすることも可能かもしれません。

事務職員の学校経営への参画が期待されるなかで、コードが書けることは確実に武器になります。もちろんプログラミングが苦手な人もいると思いますが、共同学校事務室という組織全体としてスキルがあれば良いと考えています（単にコードが書ければいいわけではなく、業務のあり方を考える設計スキルや関係者との調整能力も重要です）。

初期は事務処理の効率化が主になるかもしれませんが、そのうち、たとえば「コミュニティ・スクールとして地域で何かやってみよう！」というときに、「それならこのアプリを使うとスムーズに情報交流できるのではないでしょうか。それと、この部分をちょっとコードを書いて自動化するともっと便利になりそうです。私はコードを書くのが得意ではないので、兼務の○○さんに、今、テレビ電話で聞いてみますね」というように提案の幅を広げられるかもしれません。さらに、各自治体でそのコードを共有し、他校でも活用できるようにすれば、コードや取り組みがさらにアップデートされる可能性もあります。

なお、組織のなかにデジタルになじみのある人が一人もいない場合は、今後、配置が期待されているICT支援員の力を借りることも必要になってくるでしょう。その際は、学校事務職員として自分たちがどのようなシステムを必要としているか、自分たちの職務の内容や特徴なども含め、こちらの要望を明確にし、それらをきちんと伝えていく力やコミュニケーションスキルが求められることになります。

学校事務職員の在宅勤務は可能なのか

左頁の表は、文部科学省「事務職員の標準的な職務の明確化に係る学校管理規則参考例」（２０２０年7月17日通知）に添付された「職務の内容及びその例」です。学校事務職員の在宅勤務が可能か否かを、この表に沿って考えてみましょう。

別表第一はいわゆる「これまでの仕事」、別表第二は「これからの仕事」といえると思

別表第一（第二条関係）事務職員の標準的な職務の内容及びその例

区分	職務の内容	職務の内容の例
総務	就学支援に関すること	就学援助・就学奨励に関する事務
	学籍に関すること	児童・生徒の転出入等学籍に関する事務／諸証明発行に関する事務
	教科書に関すること	教科書給与に関する事務
	調査及び統計に関すること	各種調査・統計に関する事務
	文書管理に関すること	文書の収受・保存・廃棄事務／校内諸規定の制定・改廃に関する事務
	教職員の任免，福利厚生に関すること	給与，諸手当の認定，旅費に関する事務 任免・服務に関する事務／福利厚生・公務災害に関する事務
財務	予算・経理に関すること	予算委員会の運営／予算の編成・執行に関する事務 契約・決算に関する事務／学校徴収金に関する事務 補助金・委託料に関する事務／監査・検査に関する事務
管財	施設・設備及び教具に関すること	施設・設備及び教具（ＩＣＴに関するものを含む。以下同じ。）の整備及び維持・管理に関する事務 教材，教具及び備品の整備計画の策定
事務全般	事務全般に関すること	事務全般に係る提案，助言（教職員等への事務研修の企画・提案等） 学校事務の統括，企画及び運営 共同学校事務室の運営，事務職員の人材育成に関すること

別表第二（第三条関係）他の教職員との適切な業務の連携・分担の下，その専門性を生かして，事務職員が積極的に参画する職務の内容及びその例

区分	職務の内容	職務の内容の例
校務運営	学校の組織運営に関すること	企画運営会議への参画／各種会議・委員会への参画・運営 学校経営方針の策定への参画／業務改善の推進
	教育活動に関すること	カリキュラム・マネジメントの推進に必要な人的・物的資源等の調整・調達等（ＩＣＴを活用した教育活動に資するものを含む） 教育活動におけるＩＣＴの活用支援／学校行事等の準備・運営への参画
	学校評価に関すること	自己評価・学校関係者評価等の企画・集計・結果分析等
	保護者，地域住民，関係機関等との連携及び協力の推進に関すること	学校と地域の連携・協働の推進（学校運営協議会の運営，地域学校協働本部等との連絡調整等）／学校施設の地域開放に関する事務 保護者，専門スタッフ，関係機関等との連絡調整
	危機管理に関すること	コンプライアンスの推進 学校安全計画や学校防災計画等の各種計画等の策定 危険等発生時対処要領（危機管理マニュアル）の作成・改訂 安全点検の実施
	情報管理に関すること	情報公開，情報の活用／広報の実施／個人情報保護に関する事務等

います。セキュリティの観点からいえば、別表第二のほうが扱う情報の機密性や重要性が低いので在宅勤務は比較的しやすい印象があります。

そもそもセキュリティとは、然るべき人だけが然るべき情報をCRUD（クラッド：作成・参照・更新・削除）できる状態かどうか、ということです。そして、然るべきでない人がその情報にCRUDできてしまうことをセキュリティホールといいます。

セキュリティホールを完全になくすことは難しいですが、それを制御するためには2つの方法があり、ひとつは「ツール」による制限、もうひとつは「ルール」による規定です。「ツール」による制限は、ユーザーごとにCRUD権限を設定する、ログインを二重認証にして外部からの不正侵入を防ぐなどです。「ルール」による規定は、セキュリティポリシーの制定です。前者のほうが確実に制御できますが、後者のほうが汎用性や柔軟性があるといえます。

さて、GIGAスクール構想でもクラウドの活用にふれていますが、クラウド上では、アカウントが割り振られ（つまり個人が認証され）、然るべき人が然るべき情報にアクセスできる状態になります。また、クラウドにログインする際、二重認証に設定することができたり、不正なログインである場合は通知が来たり等々、各ビッグ・テック（グーグル、アップル、マイクロソフトなど情報技術産業における巨大企業）によって対策が講じられ、日々アップデートされています。物理的なサーバも世界各所に分散されていて自然災害等にも強く、通信についてもしっかりと暗号化されています。

別表第一の仕事では、たとえば特定の端末が手元にないとデータにアクセスできないように設定するほうが望ましいかもしれません。つまり、自宅のＰＣや私物のスマートフォンからは重要なデータにアクセスできないようにするわけです。なお、別表第一の領域は人間よりもコンピュータのほうが早くて正確で得意ですから、いずれトップダウンでシステム化されるかもしれませんし、ＤＩＹで作られて、それがオープンソース的に他市町村にも普及するかもしれません。

別表第二については、在宅勤務の可能性に満ちています。やり方しだいでいくらでも広がりがあるように感じます。私たち事務職員は、さまざまな人々を結びつけるハブとしてちょうどいい位置にいます。専門性の高いＩＣＴ支援員を学校に配置する流れもありますが、学校や地域でイベントなど何か新しいことをやろうとするとき、学校現場や地域の人間関係のハブとして機能する私たちがＩＣＴに親和性が高ければ、企画をさらに盛り上げていけるのではないかと感じています。たとえば、企画の庶務的な部分の効率化、広報の効果的な展開、情報伝達のスピード化や効率化等は、事務職員の得意分野です。

そして、別表第二の項目については、たとえば自宅にいながらテレビ電話で職員や関係者とミーティングをすることもできます。ミーティングの資料もクラウド上で共同編集できます。また、これまで関わりがなかった人同士をつなげてテレビ電話で話しているうちに、また新しい視点やアイデアが浮かぶといったこともあるかもしれません。

学校も含めたサービス業のさまざまな要素はオンライン上に移行しやすいものが多いよ

うに思います。文科省は「将来の変化を予測することが困難な時代」を生きる子どもたちに学校教育は何を準備すべきかを模索していますが、新型コロナの登場によって、すでに予測困難な時代の渦中にいることを思い知らされました。オンライン授業の実施でもわかるように、このような時代だからこそ、子どもたちのより良い未来をつくるためにＩＣＴの活用が確実に鍵になります。そして、私たち学校事務職員は、変わっていく公教育に携わるキーパーソンとして、大きな可能性を秘めた存在であると感じています。

第6章　働き方の新たなステージへ

川崎雅和

疲労困憊する学校職員

アンケートには、学校職員のオーバーワークについての痛切な訴えが数多く寄せられました。分散登校に伴う授業時数の急増、校内の消毒、子どもたちの手指消毒の指導、トイレ掃除まで……。現場の悲鳴が聞こえてきます。

「この対応ではいずれ限界（疲労度的にも予算的にも）が来る。地域ボランティアの活用や地域住民、PTAの協力を得るなど、教員は可能なかぎり消毒の実動部隊にならないようにする取り組みが必要。地域コーディネータとしての事務職員の働き方が期待できる場面かと思う」「現在のALT（外国語指導助手）が7月までの勤務で交代する。日本への入国が難しい場合は配属がいつになるかわからない」「小さいお子さんを持った職員が多いため、保育園・幼稚園が登園自粛で職員が手薄になってしまうこともあった」。

こうした状況を受けて文部科学省は5月27日、第2次補正予算の一環として、子どもたちの学びの保障のために教員・学習指導員等の大規模追加配置を行う「緊急対策パッケージ（第2弾）」を策定したと発表しました。具体的には、最終学年の授業時数確保のための教員配置や、学習指導員を1校当たり2～3名追加配置するなどの施策を、退職教員や塾講師、大学生など地域の人材を活用して推進するとしています。こうした施策が早急に実現され、学校職員のオーバーワークが少しでも改善されることを願っています。

一方、今回の臨時休校は、学校職員の働き方や学校運営の無駄を発見する良い機会となり、行事等の見直しや働き方改革のヒントが与えられたという側面もあるようです。

「コロナ以前の教員の勤務があまりに殺人的だったことが浮き彫りになった」「短縮できる行事や減らすことができる活動がもっとあるとわかった」「出張等が取りやめとなり、メールで事が済む場合もあることに気づかされた」。

卒業式や入学式についても、「子どもたちの集中力、来賓招待・接待準備等の手間を考えると、時短で簡略化した今回の式典はよかったと思う。慣習で続いている行事等も本当に必要なのか見直す機会になると思った」等の回答が数多く寄せられました。

学校は子どもの成長に責任をもつという意識が根底にあるので、常に理想形を思い描いて、もっともっと……と行事を増やし、教職員の守備範囲を広げようとします。せっかく行事を精選し、会議を減らしても、そうして空いた時間は新たな取り組みですぐに埋められてしまいます。社会も学校に過大な要求を繰り返します。教育改革論議は永遠であるかのように続き、文科省は矢継ぎ早に施策を打ち上げ、学校に下ろしてきます。

学校職員一人ひとりが、このコロナ禍で得た多くの気づきをどう集約し、どう生かしていくかが問われています。

事務職員が肩代わりできること

東京都足立区の学校事務研究会は区内の教職員を対象に、どんな事務・業務に負担を感じるかを問う調査を行い、結果を公表しました（２０２０年2月）。負担に感じる事務・業務のトップ3は次のとおりです。

・小学校教員…①各種調査（33％）、②保護者負担金会計（28％）、③保護者対応（18％）
・中学校教員…①クラブ・部活動（27％）、②各種調査（24％）、③保護者負担金会計（20％）

全国どこで調査しても、おそらくほぼ同様の結果が得られると思います。

そこで事務職員としては、まず各種調査や保護者負担金会計の事務の肩代わりを進めるべきでしょう。もちろん現在もこれらの業務に関わっているとは思いますが、その関わりの度合いをさらにアップし、教員の負担を大幅に軽減できるレベルにまで高めるのです。

このことを先進的に進めている自治体もいくつかあります。たとえば京都市は、お金を扱う煩わしさから教員を開放するという市教委の方針のもと、教育委員会に「学校事務支援室」を設置して各学校の事務改善と教員の負担軽減に積極的なサポートをしています。事務職員が公費会計とあわせて保護者負担金会計を主管するようになれば、両会計の一体的な運用を通して、保護者負担金の大幅な減額を成し遂げるとともに、効果的な予算執行を進めることができるようになると思います。

給食は自治体が運営すべき

給食費の徴収・支払い、施設設備の管理等の事務も、多くの学校で学校職員の負担となっています。本来、学校給食の管理・運営は教育委員会が行うものであると「学校給食法」が定めていますので、これは法的に正常な関係とはいえません。これには、戦後、アメリ力の援助物資をもとに学校給食が始まったとき、当時の教育委員会には給食を管理運営する余力がなく、教職員の〝欠食児童〟を救いたいという強い思いに支えられ、やむなく学校が主体となって給食を開始したという経緯があります。しかし、教育委員会の機構が整備されて久しい今日、いまだに給食事務を学校に押しつけているのは問題です。

そこで中央教育審議会は、２０１９年1月25日の答申（「新しい時代の教育に向けた持続可能な学校指導・運営体制の構築のための学校における働き方改革に関する総合的な方策について」）のなかで、「学校給食費や教材費、修学旅行費等の学校徴収金については、先進的な地方公共団体の取組を踏まえれば、未納金の督促等も含めたその徴収・管理について、基本的には学校・教師の本来的な業務ではなく『学校以外が担うべき業務』であり、地方公共団体が担っていくべきである」としました。

これを受けて文科省は、同年７月、「学校給食費等の徴収に関する公会計化等の推進について」を通知し、「学校給食費の公会計化の取組を一層推進」し、それ以外の学校徴収金についても先の答申を踏まえて、学校の負担軽減を図るよう求めました。

公会計化とは、学校において私費会計で徴収・執行するのではなく、自治体の歳入・歳出として予算に組み込み、自治体が徴収・管理・運営する方式をいいます。また、この通知では、保護者負担の教材費等についても自治体で徴収事務等を処理することを求めています。実際に、千葉市などでは教材費等も給食費とともに自治体で徴収する仕組みを運用しています。こうした先進例が全国に広がることを期待します。

学校の窓口として地域・保護者との関わりを担う事務職員

アンケートには、この危機的状況においてこそ、「地域コーディネータとしての事務職員の働き方が期待できる場面かと思う」という回答もありました。

これは、2015年12月21日の中教審答申「チームとしての学校の在り方と今後の改善方策について」が、学習指導要領の次期改訂によりカリキュラム・マネジメントが重要になってくるとした上で、その際、必要な人的・物的資源等を効果的に組み合わせていくために「学校の予算や施設管理等に精通した事務職員が大きな力を発揮することが期待されている」と提言したこと、また、同時に発表された答申「新しい時代の教育や地方創生の実現に向けた学校と地域の連携・協働の在り方と今後の推進方策について」が、「事務職員をコミュニティ・スクールの運営の中心的役割に位置付けている」事例を紹介し、それによって地域との調整が円滑に行われ、地域連携に関する情報発信が積極的に行われるなどの効果を発揮している、と評価したことが背景にあります。

そして実際に、コミュニティ・スクールや学校支援地域本部において学校側の窓口として地域との関わりを担う事務職員や、地域に存在する教育諸資源を掘り起こし、教育活動に注ぎ込んでいく役割を担う事務職員も各地でみられるようになってきました。

欧米諸国では、地域や保護者との連絡、来校者への応対などは、まず事務職員（スクールセクレタリ）が当たるのが当然のこととなっています。今後、わが国でも、そのような姿が普通に見られるようになれば、先に紹介した教員の負担感アンケートにあげられた「保護者対応」も、事務職員の肩代わりが期待できるようになるのではないでしょうか。

第3章では、学校長に就学援助の認定権が移譲された京都市で、事務職員が就学援助事務を主管することにより、さまざまな成果があったことを紹介しましたが、これも事務職員が保護者との関わりを強めることによって教員の負担軽減を図ることにつながる一例といえるでしょう。

教職員向けに「新型コロナに関する服務FAQ」（コロナ関連の職免、休暇、在宅勤務中の取り扱い等をケースごとにまとめたもの）を「事務だより」に掲載したという報告もありました。マニュアルを作ったり、ニュースを校内に配信するのは、事務職員ならお手のものです。

しかし、何もかも引き受けていては、今度は事務職員のほうがパンクしてしまいます。そこで仕事を取捨選択し、何を引き受け、何をやめるかを明確にしなければなりません。給与・旅費事務や福利厚生事務などの分野は、職員が自ら端末で自治体の事務センターに入力する仕組みが行政改革のなかで広く取り入れられています。学校でもこの分野の事務は事務職員の手を煩わすことなく進められる日が近いと思います。

学校の情報管理も省力化とセキュリティ向上の観点から、電子化が進められつつあります。事務職員は、今回の経験を機にそのような事務分野の業務量の削減に努め、自校の教育計画推進を直接的に支え、教員の負担軽減に寄与できる職務分野へと、職務の重点をシフトチェンジする計画を推進すべきです。

学校事務のリモートワークと共同実施

緊急事態宣言以降、事務職員も在宅勤務を余儀なくされましたが、アンケートの回答では、リモートワークの限界を感じたという声が圧倒的多数を占めました。

「事務職員は市や県とつながっているパソコンを使用していたり、個人情報を扱う業務が多いため、在宅でできることがあまりない」「学校にいてこその学校事務職員である。急な保護者対応や学校再開に向けた教育環境整備など、学校にいないとよい仕事はできないと痛感した」「在宅では仕事にならず、多忙時期のため、結局、平日遅くまでの勤務や土日に対応していた」「事務職員には在宅勤務は馴染まないと考えるが、感染症予防の観点からはそれではいけないため全国の学校事務職員に葛藤があったのではと思う」など。

学校は地域とともにあり、子ども、保護者との濃密な関わりのなかで、学びの場としての目的達成に向けて運営されている公共機関ですから、事務職員も教員と同様に仕事が進まないもどかしさに苦しんだと思います。

一方、少数派ながら、「リモートワークやリモート会議を行う環境設定をすれば、業務負担軽減につながり、事務職員が現在担っていない新しい業務を行う時間の確保につながると感じた」などの前向きな見方もありました。

「なくてもよい研修や会議がいかに多いかということに気づかされ、毎年こうなら事務職員の学校経営参画やカリキュラム・マネジメント参加やコミュニティ・スクール関連の仕事にも余裕で取り組めるのではないかと思った」という感想もありました。

近年、多くの自治体で学校事務の共同実施が進められ、拠点校に置かれた共同事務室で共通的な事務を処理したり、リーダーを中心として各校の仕事の進め方を話し合い、支援する体制が整えられつつあります。感染の拡大は、この共同実施にも大きな影響を与えました。なんといってもグループ校同士で集まることは3密をもたらします。

「共同実施で集まれず、皆で年間計画や目標の確認を行うことができなかった」「市内サーバでの情報共有はできたが、話し合いによるアイデアの共有ができなかった」等々。

他方、共同実施の改革を展望する次のような回答もありました。

「出張して集まらなくても、（各校で）共同実施に関する業務を適切に遂行でき、事務の効率化にもつなげることができると感じた」「グループ長と他の2名の印をもらわないと手当の認定ができないというやり方はそれでいいのか。はんこ決裁をやめて、電子決裁を進めるいい機会であると思う」。

折しも菅内閣は、ハンコ行政からの脱却を行革の目標として掲げました。学校事務ではハンコが頻繁に用いられます。予算執行関係を例にとれば、支出の決定、見積書の徴取、契約、検査、納品受領、会計管理者への支出命令など、どの段階でも学校長までの稟議や業者との書面のやりとりで驚くほどの押印がなされます。

このうち行政内部の意思決定に関わるハンコは、行政関係の法令・規程が改正されればかなり速やかに廃止へとつながると思いますが、業者と交わす書面の押印は、行政内部だけでは決められないものが多いので簡単にはいかないでしょう。そのほか職員の給与や勤怠に関する帳票、各種証明書類など押印を要する書類は多岐にわたるので、ぜひともこの機会に解決したいものです。

私は、共同実施についても処理内容を一新し、グレードアップする良い機会だと思います。現在、共同処理している事務のうちリモートで済むものは、事態が収束した後もリモートで処理し、各校の事務職員が集まる機会は、グループ構成各校の教育計画の推進、組織マネジメントをバックアップするための論議、そして、支援計画策定のための場とする方向で、業務内容を再構築することが必要であると思います。

会議はどうする、研究・研修はどうなる

一般に行政機関の意思決定は、担当者から決裁権者まで一連の稟議により承認を受け、決裁権者が専決して事業が進められます。しかし学校では、職員会議に議案が提起され、熟議を経て校長が決裁する方式が広く用いられます。これは全職員の共通理解のもと統一的に教育活動を進めることが必要であるという要請から来るものであると思います。職員室が学年や教科ごとの島で構成されている学校が多いのも、学年・教科ごとの打ち合わせや情報交換の機会を大事にするからであり、3密といえどもなかなかそのスタイルはやめられません。また、教員が自らのスキルを高め、より良い授業を目指すために校内研究はとても大切ですし、任命権者や研究団体が実施する研究会や研修会も欠かせません。

アンケートでは、年度始めの諸会議が開けないためスムーズな年度の立ち上がりができなかったことや、新任研修が進まないことへの不安の声が寄せられました。一方、リモート会議にしたら議事が迅速化されて良かったという声もありました。当面はリモート会議やリモート研修等で急場を凌がざるを得ないでしょうが、迅速化と裏腹に、双方向のやりとりの少ない、中身の薄い会議や研修になってしまわないよう注意したいものです。

今回のアンケートを実施した学校事務法令研究会も、長年、ゼミ形式の学習会を行ってきました。それは、反省会を含めると6時間を超えるような侃々諤々の連続であり、とても充実した〝主体的・対話的で深い学び〟のひとときでした。しかし、3密を避けることはできず、現在は休止しています。教育計画の推進にとって、会議は不可欠の要素です。再開できることが待ち望まれます。

学びのスタイルはどう変化するか

私はこれまで50年以上にわたって、学校事務職員として自校の教育活動に関わり、学びの環境を整える仕事をするなかで、教員たちの仕事ぶりをつぶさに観察してきました。彼らの授業テクニックは素晴らしいものでした。学習展開を通して子ども一人ひとりの理解度や集中度をよく観察していて、巧みに全体をコントロールします。子どもへの問いかけ、板書の工夫、課題を見つけようとする子どもへのサポートなど、プロだなと思うことがたくさんありました。子ども同士が教え教えられ、競い合って進められる集団での学びを手助けする配慮にも感心しました。学校は学びの共同体であるという理念も彼らの仕事ぶりを見ていて納得できました。

ある校長が、「学校は勉強するところじゃない。勉強の仕方を勉強するところだ」と子どもたちにしきりに言っていたことも思い出します。これからの学校には「主体的・対話的で深い学び」が求められます。そのような高度な学習が、ソーシャルディスタンスのために子どもが距離をとって座る一斉学習や、家庭でのリモート学習でどこまでできるのだろうかと心配になります。

双方向型のオンライン学習は、機器や通信設備の整備が進めば、一人ひとりに個別最適化され、習熟度などに応じた柔軟な学習を進めることが可能となるでしょう。しかしそれは、子どもたちが集団で相互に影響し合って知を獲得し、人格を形成するという公教育の目的を全面的にカバーできるものではありません。教育は共同的・協働的な営みであり、子どもと子ども、子どもと教員が相互に作用し合って進められるものです。

そう考えると、私はまず感染拡大をできるだけ早く収束させ、以前の密な環境による学びを復活させることに主眼を置く必要があると考えます。同時に、コロナ禍のなかで新たに得られた知見を生かし、ＩＣＴを活用した学習、オンラインによるリモート学習の開発を進めることも重要でしょう。

しかし、機器を利用し、オンラインで進める学習には、経済的困難や障がい・国籍等による格差、家庭の学習支援力による格差などを助長する危険性があります。子どもには、

「ひとしく教育を受ける権利」があるとする憲法の規定が実質的に守られるよう十分に配慮しなければなりません。

あらためて学校の役割を見直そう

「子どもたちが安心して学校に通えることで、保護者が安心して働くことができ、社会が円滑に機能することを再認識した」「一保護者として、学校の大切さや授業（勉強）の重要性、子どもにとって人々との関わりは人間形成に必要であると感じました」「あらためて学校で学ぶことの意義や教育環境を整備することの重要性を再認識した」「学校というところはとかく思考停止に陥って、とにかく例年通りの行事をこなすことに汲々としています。なんのためにやるのか、そして何より投入できる資源はどれだけか、効果をどう評価するのか等々、真の意味での学校『経営』を考えてほしい」。

学校職員は、この状況下で実に多くのことを学びました。教育活動は校長・教頭などの管理職や教員だけの力ではなく、養護教諭、栄養教諭、事務職員、栄養職員、用務職員や給食調理員、講師や助手、部活等の指導員、スクールカウンセラーやスクールソーシャルワーカー、地域の人々、保護者など多くの人々がそれぞれの役割を発揮することによって協働的に支えられているものであることが実感できたことと思います。

教育基本法第１条「教育は、人格の完成を目指し、平和で民主的な国家及び社会の形成者として必要な資質を備えた心身ともに健康な国民の育成を期して行われなければならない」。このような教育の目的を達成するためには、家庭学習などの個別的な学習だけでは決定的に不足であり、多くの子どもたちが集団で学ぶ「公教育」の場が絶対に必要です。

コロナ禍は、近年強まっている排外的な風潮をますます助長する可能性があります。世界は多様な人々の多様な暮らしによって成り立っており、相互に理解し、尊重し、助け合う心が何よりも大切であることを学びとる学校であってほしいと思います。子どもたちが元気な声で話し合い、触れ合い、共に学び、切磋琢磨する日々が一日も早く復活することを祈っています。

②
みんな
不安《ふあん》
こわい
⑤ わたしたちにできること
手《て》あらい　うがい
をしよう
・じゅんばんにならぶ
・ハンカチをもってくる
⑧ わたしたちにできること
がんばっている人を
おうえんする
いやなことを
いわれることがある
差別（さべつ）
⑨ さいごに
・こまったことは、なんでも先生《せんせい》に
そうだんしてください。
・いつもと　ちがう　せいかつだけど、
みんなで　力を合わせて
すごしていこう

コロナ対策の取り組み

子どもたちに向けたパワーポイント啓発教材「みんなで安心してすごすために」を作成し、分散登校時に全クラスで活用。コロナ感染症の基礎知識から自分たちにできる予防法、感染者への差別問題、そして「みんなで力を合わせてすごしていこう」という励ましまで、わかりやすくまとめられている。　大阪府堺市立大仙西小学校

特別インタビュー

なぜ権限のない首相による一斉休校要請に教育委員会は追従したのか

前川喜平氏に聞く

全国一斉休校の要請が出された背景から、不登校問題とオンライン授業の可能性、就学援助のあり方まで、コロナ後の教育環境の展望について元文部科学事務次官の前川喜平氏にお話を伺いました。

国が教育現場に関与できる範囲は限定されている

――臨時休校要請や緊急事態宣言に伴う一斉休校の動きをどう思われますか。

安倍首相の一斉休校要請を受けて文部科学省が通知を出し、ほとんどの教育委員会が従ったことで明らかになったのは、本来、戦後の教育行政は地方分権、地方自治が基本であったにもかかわらず、その意識が当事者のなかに根づいていないということです。古い話になりますが、1956年に「地方教育行政の組織及び運営に関する法律」が公布され、教育委員の選出が公選制から首長による任命制に転換されました。その頃からの「逆コース*」といわれるものが定着しているのではないかと思います。

戦後の教育政策の基本は分権化であり、国の号令一下で教育が動かされることがないようにしようということでした。これは理念的には現在も続いていて、自治体の事務には自治事務と法定受託事務がありますが、学校教育は自治事務に属します。つまり、学校教育は自治体が本来的に担うべき業務であるという建前があり、一方、文科省は指導・助言をする機関になっています。本来、学校教育は国の仕事ではないのですが、文科省が法律を所管し、法律で与えられた権能の限りにおいて関与できるのです。

高等学校以下の学校教育に関していえば、文部科学省という国の教育行政機関が法律上関与できる範囲は限定されています。具体的には、学校教育法に基づく学習指導要領の策定、これは大綱的基準にすぎませんが、最近の学習指導要領は細かすぎて指導内容だけでなく指導方法まで明記してあり、あたかも教師の指導マニュアルのようになっています。

学習指導要領をめぐっては、２０１１年に「七生養護学校事件*」に関する東京高等裁判所の判決が確定していますが、学習指導要領違反の教育を行ったとして東京都教育委員会が性教育をしていた教職員に対して行った処分を取り消しています。つまり、学習指導要領違反はなかったとする判決が出たわけです。なかでも重要なのが「学習指導要領の一言一句が拘束力すなわち法規としての効力を有するということは困難」としている点です。

ところが、文科省は１９５８年の告示以来、学習指導要領は法的拘束力をもつと主張してきました。しかし、現在のように事細かく指導方法まで書いてあると、その一言一句に法的拘束力があると考えることはできません。すべてが法的拘束力をもつのであれば、日本中の教師が学習指導要領のとおりに授業をしなければいけなくなり、教師の自主性が失

*逆コースとは、戦後日本における民主化・非軍事化に逆行するような政治・経済・社会の動きをいう。

*都立七生養護学校が行っていた性教育の内容が不適切であるとして都議が介入し都教委が教職員らに厳重注意処分を行った事件。これに対し教職員らが都議や都教委の介入は違法として損害賠償等を求めた訴訟で東京高裁は、都議らの言動は（旧教育基本法10条1項の）「不当な支配」にあたるとし、都教委は「不当な支配」から教員を保護すべき義務に違反したと指摘。同校の性教育は学習指導要領に違反しているとはいえず、都教委が教職員らを厳重注意にしたのは違法とした。

われます。そうしたあり方は本来、学習指導要領が意図するものではなかったはずです。

さらに、学習指導要領の合憲性が確認されたといわれる「旭川学力テスト事件*」の最高裁判所の判決（1976年）に照らしても、学習指導要領はあくまでも大綱的基準として合憲としているわけで、細部にわたって教育現場を法的拘束力で制約することはできないとして、教育現場の自由度を認めています。こうした経緯から考えて、現在の学習指導要領は法的拘束力のある部分とない部分が混在していると考えるしかありません。ただ、どこまで法的拘束力があるのかが明確になっていないので、教育現場がどこまで従わなければいけないのかがはっきりしません。私は学習指導要領全体を〝参考程度〟と考えて問題ないのではないかと思っています。

いずれにしても、文部科学省が学校教育に法的に関与できるのは、学習指導要領で教育課程の大まかな枠組みを示すことと、教科書検定を通してということになります。教科書検定も間違ったことが記載されていないかというネガティブチェックが基本であり、いちばん問題になるのは歴史です。これは歴史学という学問の状況に照らして判断されるもので、もし万一南京事件がなかったと記載されていたら、それはチェックされるわけです。

教科書検定はないほうがいいという考え方もありますが、こうした歴史修正主義的な考え方に基づく教科書がたくさん出てくると日本の教育全体が誤った方向に行ってしまうので、その歯止めとして教科書検定はあったほうがいいのではないかと思います。

文科省ができる教育現場の教育内容への関与、教育活動への関与はこの程度までで、そのほかは根拠となる法律に従ってくださいという法律の有権解釈をする行政機関として、指導・助言をすることです。今回の休校に関しては、「学校保健安全法」に基づいて適切に対応してくださいと言うことしかできないはずで、同法に定められていないことを指導する権限はそもそも文科省にはありません。法律の趣旨から外れたことをやれと言うのは、言われたほうも従う必要のない話で、私は戯言にすぎないと思います。国ができる関与は限定的なものであるという認識が欠落しているのではないでしょうか。

根強い「旧文部省の出先機関」という意識

「文」という学校を示す地図記号が登場したのは1891（明治24）年です。当時、小学校の設置者は市町村でしたが、教員はすべて官吏（現在の国家公務員）という位置づけでした。なぜ学校を示す記号が「文」になったかは諸説ありますが、当時の学校は文部省の出先機関であり、文部省が教育を仕切っているという意識のあらわれが「文」という記号になったのではないか、と私は思っています。1947年に戦後の教育法制が確立された際、教職員はすべて設置者である自治体の職員、つまり地方公務員になりました。しかし、現在でも、かつての「文部省の出先機関」という意識が抜けていないのではないでしょうか。

＊1956年から1965年にかけて行われた「全国中学校一斉学力調査」を阻止しようとした旭川市立永山中学校の教員が公務執行妨害罪等に問われた事件。最高裁における論点のひとつは、当時の中学校学習指導要領の効力（どこまで教育現場を法的に拘束できるか）であり、「大綱的な遵守基準を設定したもの」として有効とされた。

その原因のひとつは、県費負担教職員制度にあると思います。今でも、市町村立の小中学校の教職員は都道府県の職員で、都道府県から派遣されていると誤解している人が少なくありません。確かに都道府県が任命権をもち、給与負担もしていますが、身分はあくまでも市町村職員です。

かつて都道府県は自治体ではなく、市町村が自治体でした。都道府県の知事は「官選知事」といって当時の内務省の役人が送り込まれ、教育行政面でも各都道府県の学務課長に内務省の若い役人が任命されていました。要するに、都道府県が内務省の出先機関になっていたわけです。県費負担教職員制度は都道府県が学校を監督してきた名残だと思います。ただ、この制度には教育機会を均等に保障するという積極的な意味合いがあり、安易に廃止すべきだとは思いません。現職の頃、私は、学校教育は市町村の自治事務という本来の方向に近づけるべきであり、この制度も少しずつ見直し、任命権も給与負担もできるだけ市町村に移譲したほうがいいだろうと思っていました。

現状は「分権」ではなく「分義務」

２００５年に「新しい時代の義務教育を創造する」という中教審答申が、「三位一体の改革*」に対抗するために、かなり議論をした上で出されましたが、あの答申で、国、都道府県、市町村のそれぞれの役割について再整理をしました。つまり、義務教育に関しては市町村がもっと主体性を強めるべきだという考え方で、任命権の移譲についても提言しています。具体的には、中核市と特別区には任命権を移譲すべきであり、さらには、将来的には一般の市町村にも移譲していく方向で制度を検討すべきであるとしています。

しかし、それはいまだに実現していません。中核市については、法律で義務づけられた研修が都道府県教育委員会から中核市教育委員会に移譲されたものの、研修の対象である教員の任命権は依然として都道府県にあり、中途半端な状態になっています。これでは分権ではなく、分義務です。そのなかで、ひとつ実現したのが２０１７年度以降、給与負担が政令指定都市に完全に移譲されたことです。これによって都道府県と20の政令指定都市は、義務教育に関してはまったく対等の関係になりました。

先の中教審答申では、学校教育における地方自治、この地方自治は団体自治と住民自治から成り立っているもので、団体自治は国から独立して地域を統治する権限、住民自治は民意を踏まえた行政のことですが、私は、この２つの自治の方向をもっと強めたいと思っていました。その背景には、教育委員会には文科省に依存し、お墨付きをもらいたいという意識が強く残っていて、もっと独立して本来の戦後教育の理念に立ち戻ってほしいという気持ちがありました。それぞれの教育委員会が文科省に従属的になっていることが、今回の一斉休校要請への追従にあらわれたのではないかと思っています。

安倍首相は突如として一斉休校を要請しましたが、百歩譲って、文部科学大臣には「地

＊「地方にできることは地方に」を理念に、国の関与を縮小し、地方の権限・責任を拡大して、地方分権を一層推進することを目指し、国庫補助負担金改革・税源移譲・地方交付税の見直しの３つを一体として行う改革をいう。

方教育行政の組織及び運営に関する法律」上の指導・助言・援助という権限はあります。しかし、内閣総理大臣には、教育現場に対してなんの権限もありません。そんな法的根拠もない内閣総理大臣の要請に従ってしまうのは大きな問題だと思います。

一斉休校が引き起こす問題への想像力の欠如

全国一斉休校の要請は2020年2月27日ですが、それが科学的なエビデンスに基づいているのかが問題でした。政府専門家会議のメンバーでさえ感染拡大の防止につながることを疑問視していたにもかかわらず、科学的な根拠のない政策を平然とやってしまうところに、昨今の政権の体質的な問題があります。現在（2020年10月中旬）、任命拒否問題で話題になっている日本学術会議などにとっては、しっかりと独立性をもって政府に言うべきことが言える体制が大事だと思います。

実は文科省は、同年2月25日に休校措置に関する文書を出していました。その文書は、児童生徒や教職員に感染者が出た場合は、休校を検討する。また、地域に感染者が出て、児童生徒や教職員のなかに濃厚接触者がいる場合は、その濃厚接触者を出席停止や出勤停止にする。さらには、ある市町村の全校を休校にする場合も考えられるが、それはその地域で感染が急速に拡大した場合であり、都道府県等の衛生部局と相談した上で教育委員会が判断して、一時的にすべての学校を休校にすることもあり得るという内容でした。

この2日後に、予想もしていなかった全国一斉休校の要請が出てしまったことから、情けない話ですが、文科省が翌28日に事務次官名の通知を出しています。ただ、あの通知は、決して自分たちがそう思っているのではなく、首相のメッセージとしてお伝えするという、伝聞のような文面です。その上で、私なら47都道府県の教育長さんに電話して、首相の意向は通知のとおりですが、判断するのは学校設置者である教育委員会です。その根拠となるのは「学校保健安全法」ですから、25日に出した文書はまだ有効です。安易に休校にする必要はありませんので、慎重に対処してくださいと伝えると思います。

まったく、全国一斉休校が引き起こす問題への想像力が欠如していたと言わざるを得ません。もうすぐ春休みだから問題はないという見通しだったのかもしれません。あのとき安倍首相が「この1～2週間が瀬戸際」と言ったため、実際、教育委員会のなかには独自の判断で2週間で休校をやめたところもあります。しかし、3月2日から春休みまでという首相会見どおり休校にした教育委員会のほうが多かった。当初、休校は春休みまでだから新学期から学校が再開できると、文科省も各教育委員会も思っていたはずです。

ところが、4月7日という新学期が始まるタイミングで7都府県に対して、そして4月16日には、その時点で感染者が一人もいなかった岩手県や岡山県なども含めて、全国を対象に緊急事態宣言を発令しました。新学期から学校を再開しようとしていた地域や学校には大きなダメージだったはずです。緊急事態宣言の前にすでに休校措置をとっているわけで、それよりも緊急を要する宣言が出されたら学校再開はできませんから。

結局、小中学校の95％が引き続き休校になり、その後、緊急事態宣言が5月31日まで延長された際も約9割の学校が休校を延長しました。島根県や岡山県の美作市など、休校にしなかった自治体もわずかにありますが（美作市の中学校は1週間程度、休校にしている）。

休校について自治体レベルで判断しているのは首長であり、そこに教育委員会の主体性のなさがあらわれています。文科省や首長の指示に従うだけで、独立した執行機関としての判断がなされていません。教育委員会には権限と責任があり、その責任を放棄していることになります。首相の意向だから、文科省の通知が出たから、ということで免責はされないはずです。

――前川さんは、休校は学習権という人権を侵害する、休校するなら休校中の学習を保障する手立てをとる必要があると発言されていますが。

憲法上、「学習権」という言葉はありませんが、先の「旭川学力テスト事件」の最高裁判決でも「憲法上、学習権というものはある」としています。それは憲法26条の「教育を受ける権利」を含む概念ですが、それより広い概念だと思います。その根拠は判決でも憲法13条に求めており、「生命、自由及び幸福追求に対する権利」です。私なりに整理すると、学習権とは自由権的側面、社会権的側面、平等権的側面、参政権的側面もあると思いますが、なかでも社会権的側面については、憲法26条「教育を受ける権利」として明示され、私が言う学習権とは、主にこの「教育を受ける権利」のことです。

この26条は、25条の「生存権」とセットで考えるべきもので、「生存権」を教育にあてはめると「教育を受ける権利」になると理解しています。また、25条には「すべて国民は、健康で文化的な最低限度の生活を営む権利を有する」とありますが、健康で文化的な最低限度の生活のために必要な学びが普通教育であり、すべての人に無償で保障されなければなりません。

憲法26条のいう普通教育とは、〝専門〟教育に対する〝普通〟という意味ではなく、平たくいえば「まっとうな大人として生活していくための最低限必要な教育」という意味であり、教育基本法でいう「人格の完成」と「平和で民主的な国家及び社会の形成者」の育成のために必要な最低限の教育という意味だと解釈しています。この普通教育がすべての人に無償で保障されなければならない、これが憲法26条第2項の「義務教育」の規定の本当の趣旨だと思います。私は、「義務教育」よりも「無償普通教育」という言葉を使ったほうがいいと思っていますが、義務教育の義務とは、あくまでも保護者の義務という意味であり、しかも本当に義務を負っているのは国です。国がすべての人に無償の普通教育を保障しなければならない、そこから漏れる人がいてはいけないわけです。

高等学校に関しても、現在の99％に達する進学率、そして無償化という制度的な措置がとられたことで、限りなく義務教育に近づいています。高等学校は保護者の就学義務が法律上はないだけで、現実にはすべての人に保障すべき普通教育の域に達していますので、高校教育も含めて憲法上の「普通教育」ととらえ、すべての人に無償で保障されるべきものだと思います。

生存権と学習権を天秤にかけた上での判断だったのか

普通教育を受けるのは「権利」であり、「義務」ではありません。ところが、「義務教育」という言葉があるがために、子どもには学校に行く義務があると誤解している人が非常に多いのです。まず国がすべての人が学校に行ける条件を整えなければいけない。学習権とは、それだけ神聖な、重い人権であると思っています。

人間が人間らしく生きる上で不可欠なものが教育ですから、本来、受けられるはずの教育を受けられなくする休校措置は、かなり慎重に行わなければいけない。子どもたちの生存権＝命や健康と、学習権＝学ぶ権利を天秤にかけるわけですから。その結果、学ぶことの大事さより、今は命のほうが大事だ、あるいは健康のほうが大事だというときに初めて休校を選択するわけです。学習権という大事な人権を犠牲にしてでも休校にしなければならない事態、現実に子どもたちの命や健康が脅かされている事態がなければ、休校にしてはいけません。実際は健康上の危険はないのに休校にすることは、子どもたちの学習権を侵害していることになります。

安倍首相は全国一斉休校を要請した際、「子どもたちの健康と安全のため」と言いましたが、それは嘘です。嘘が言いすぎなら、本当の部分はほんの少しと言い換えましょう。確かにあの時点では、北海道の子どもたちのなかに感染者が若干出ていました。そうした学校では休校にする必要性があったかもしれません。けれども、全国一斉に休校にすることは、単に学習権を制限するだけです。教育委員会は個別の学校ごとに、「この学校の子どもたちの命や健康を守るために休校が必要かどうか」を判断しなければいけません。

――休校中に話題になったオンライン授業などは、コロナの緊急対応として考えるべきか、それとも、新たな学習環境や学習権の保障の手段として考えるべきなのでしょうか。

私は、今のＧＩＧＡスクール構想を基本的には支持しています。

私自身、現職の頃に、ＩＣＴ化を担当するポストにいたことがあり、全国の学校にコンピュータを整備する計画を作っていました。ただ、国の財源はほとんど投入されず、地方財源での整備計画で、まさに絵に描いた餅。計画を何度も作っては達成されずに終わるということを繰り返していました。

一方、40人学級やティーム・ティーチングなど教職員の定数改善計画は、ほぼ達成できています。確実に国庫負担金が付き、かつ学級編制と教職員の定数標準について定める「義務教育標準法」に達成目標が明記されるという、財源と法律の裏づけがあるからです。ところが、学校のＩＣＴ化は、法律の裏づけもなく、国庫負担金や補助金による財源保障もされないので、長い間まったく進展がなかった。とくにコンピュータと高速大容量の通信環境の整備が遅れていたため、２０１９年、コロナ以前の段階でＧＩＧＡスクール構想が打ち出されました。

この構想には文科省のみならず、経産省も絡んでいますからいろいろ批判もありますが、

「個別最適化」という一人ひとりに合った学びを実現しようとする考え方自体は悪くないと思います。ただし、ＡＩが教師の代わりにはならないし、学びには「対話」が必要ですから、「個別最適化」だけでは本当の学習にはならないでしょう。とはいえ、わからない授業をずっと聞くとか、わかりきった授業を我慢して聞くことは不幸なことですから、そうした学習のロスを解消する意味では、ＩＣＴ活用は効果的だろうと思っています。

実は最初、ＧＩＧＡスクール構想は「ＧＩＧＡスクールネットワーク構想」という名称で、ネットワーク環境の整備だけが目的でした。パソコン整備は依然として自治体任せ、普通交付税で対応しろという考え方でした。

ところが、このコロナ禍により急遽、補正予算でパソコン整備にも国費を投入することになった。ただし、かつてリーマン・ショック後の経済危機対策として実施した「スクール・ニューディール」構想（学校ＩＣＴ環境整備のために２０８７億円の補正予算が組まれた）は失敗に終わっています。いきなり大型補正予算を付け、ＩＣＴ化を進めろと言われても、自治体は直ちに対応できないからです。

子どもたち一人ひとりに情報端末の整備を

しかし、コロナ禍で双方向型オンライン授業が有効であることが多くの人に理解されたので、今回は進んでいくのではないかと期待しています。ただ、今年度の国の予算は日本の財政史上まれにみる規模で、なにしろ２回の補正予算を含めると１６０兆円の歳出です。

歳入が70兆円しかないのに、90兆円の国債を発行してなんとかしようというわけですから、長続きするとは到底思えません。しかし、ＧＩＧＡスクール構想は一過性で終わらせてはいけないし、毎年度きちんと国費を投入して進めるべきだと思います。

国費の投入先は、学校の通信環境の整備だけでなく、児童生徒一人一台の情報端末（タブレット）の整備。この目標はぜひ実現させるべきです。

これからの学校教育では、子どもたちが一人一台の情報端末を持ち歩き、家でも学校でも使えるようにすべきです。タブレットは、いわばノートと筆箱のようなものです。また教材でもあり、教科書のデジタル化が進めば教科書もそのなかに入っている。すべての子どもたち必携の文房具にすべきです。「Bring your own device」という言葉があります。自分の端末を持ち歩き、学校でも家でもそれを使って学習するという意味ですが、大人も一人一台のパソコンで仕事をしているわけで、学校でも一人一台のパソコンで学習することが今や当然の学習条件でしょう。

そのためには家庭のネット環境の整備が必須です。今回、文科省はモバイルルータの貸し出しを始めましたが、これをもっと広げていくべきです。学校で購入して各家庭に貸し出すとか、就学援助の補助対象経費にして学習に必須のものとして財政支援をするとか、すべての子どもが家でも十分な通信環境のもとで一人一台のパソコンで学習できる条件を積極的かつ確実に整えていくことが必要です。

「個別最適化」と「対話」につながるオンライン授業

休校中にオンライン授業をしていた熊本市や東京の世田谷区などでは、学校再開後もリアルな授業とオンライン授業を併用しています。つまり、教室内での授業をオンラインで同時配信しているわけです。オンライン授業とリアルな対面授業を別々に行うのは手間がかかり、なかなか難しい。でも、対面授業をオンラインで同時配信すれば、オンラインで受けている子どもも質問や発言ができる。こうしたハイブリッド型の授業形態なら、不登校の子どもも自宅で授業に参加できるし、「個別最適化」にもなると同時に、一人ひとりの子どもの状況に応じつつ一緒に学ぶという意味で大きな進展ではないかと思います。ただし、教育の本質は教師と子ども、子どもと子どもとのやりとりや対話にあって、この部分は何よりも重要であり、対面の授業が基本だということは変わらないと思います。

現在、オンラインによる家庭学習について、授業時数にカウントするか否かが話題になっていますが、オンライン学習を出席扱いにする道はすでに開かれています。そのためには、すべての人に情報端末と通信環境を公費で保障することが不可欠です。GIGAスクール構想はその方向で進められていますから、それをアフターコロナでも常態化させていくことが必要でしょう。ただ、今のところ財源が補正予算でしかなく、来年度以降も本予算ベースで付いてくるのかというと、どうも怪しい。総務省の普通交付税が財源では不十分で、国が責任をもって、国庫補助あるいは国庫負担でやらないと現実味がありません。

本当はＩＣＴ教育環境整備法のような法律のもとに、国費を投入して学習環境を整備する標準をつくり、財源は全部国が面倒をみるようにすべきだと思います。しかし、そのためには相当の財源が必要ですから、財務省もなかなか首を縦には振らないでしょう。

選択的不登校と学習権の保障

――コロナ禍で増えている「選択的不登校」の子どもたちの学習権の保障について、従来の不登校の子どもたちも含めて、オンラインなどによって可能ではという声もありますが。

私は、選択的不登校については認めるしかないと思っています。やはり安心と安全は別物で、安心できないという人は仕方がない。選択的不登校と従来型の不登校も、分けて考える必要はないのではないでしょうか。指導要録に出席や欠席の概念が盛り込まれているので仕方のない部分はありますが、現実にはずっと欠席のままでも卒業証書を出しているわけですから、「出席扱い」という概念の幅を広げたらいいのかなと思います。問題は実質的に学びが保障されているかどうかであって、学校に来ているか来ていないかは本質的な問題ではなくなってきていると思います。

不登校は、「学習権」が実現できていない状態ですから、学校に来なくても学べる道を探ることは非常に重要です。オンライン授業の実施による思わぬ収穫は、不登校の子どもたちに有効だったこと。また、休校自体が不登校の子どもにはプラスの面もあったようです。決まった時間に登校し、同じ教室で一斉に受ける授業ではなく、オンライン授業など別の学び方が、不登校の子どもが学ぶ方法として有効であることがわかりました。今後、不登校と双方向型オンライン授業の可能性をもっと追求していくべきだと思います。

さらに、「災い転じて福となす」ではありませんが、コロナ禍のなかで多様な学びがあることがわかってきました。オンライン学習という方法でなくても、たとえば、分散登校中に家庭学習用として課題を与え、それを持ち寄って添削してもらうやり方は、ある意味、従来型の通信教育の形態であり、分散登校中の授業はスクーリングと考えることもできます。そうした通信教育型の学習形態だから参加できた不登校の子どもがいたはずで、つまり、いろいろな教育形態があっていいんだと。究極的には「学校って何?」というところまでいくと思いますが、登校とか不登校という概念が少しずつ相対化されて、登校と不登校を分ける必要がなくなってくる気がします。

文科省も不登校への対応として、「学校復帰」が前提という考え方を捨てました。そして、2016年12月に成立した「教育機会確保法」では、学校外での多様な学習活動を積極的に認めています。同法が想定している学校外での学習は、学校が関与しない学習ですが、今、コロナ禍のおかげで、学校とつながりながら学校外で学ぶ新しい形態の義務教育が広がってきたと考えることができると思います。学校とつながりながら、学校の授業も受ける一方で、ほかの手段での学びもあわせて行える、ハイブリッド型教育のような学びも可能でしょう。オンラインという通信手段を活用した教育を一過性のコロナ対策として終わらせるのではなく、学校に来なくても学べる形態がもっと広がるといいと思います。

――コロナ禍で就学援助対象の家庭が増えましたが、地域格差を是正するためにも、就学援助費を一般財源から国庫補助金に戻すことは考えられないでしょうか。

財務省も総務省も考えていないと思いますが、少なくとも文科省はそう主張すべきでしょう。「三位一体の改革」の一環で、従来、国庫補助の対象であった準要保護者に対する就学援助費二百数十億円が一般財源化されましたが、あれはやるべきではなかったと思います。2001年に私が文科省の財務課長になったとき、義務教育費国庫負担金の予算額は3兆5000億円でした。それを「三位一体の改革」で順次、移譲せざるを得なかったのですが、退職手当の負担金や教職員給与の負担率の引き下げなど、最終的には1兆3000億円くらい移譲したわけです。その規模から考えると二百数十億円というのは、移譲してもしなくても同じだったはずで、あそこで文科省が踏ん張り、就学援助費の国庫補助金はなんとしてでも残すべきだったし、今からでも復活させるべきだと思います。

困窮家庭が多い地域ほど自治体の住民税収入は少なくなり、財政力の弱い自治体ほど就学援助の需要が多く、裕福な人ばかり住んでいる自治体は対象者が少ない。これは歳入と歳出の関係でみればアンバランスです。その結果、就学援助費の対象者が多い、財政的に苦しい自治体が一般財源で賄うとなると、就学援助費自体を切り詰めるしかありません。そうなると当然、地域格差が生じますから、就学援助費の財源は国庫負担にすべきです。「三位一体の改革」後の文科省調査では、支給基準の引き下げ、対象経費の限定などがみられました。

現在、生活保護の基準額に一定の係数を掛けたものを就学援助の認定基準にする自治体が多いですが、その係数が1・1倍から1・5倍と幅があるため、1・5倍を標準にして、必要な経費は国庫負担で賄う法的な枠組みが必要でしょう。現状はある意味で憲法違反です。子どもたちが安心して学べる環境は国がつくらなければいけないわけですから。

――第2次補正予算をめぐり、心ない教育委員会への不満や怒りの声が少なくありません。国からの予算を教委が使っている、購入備品の要望を提出したのに、それを無視して教委が勝手に購入した備品や消耗品を配布したなど。どんな対応策が考えられますか。

少なくとも私が現職でいた頃の文科省の基本的なスタンスは、できるだけ学校現場に権限も財源も下ろしていくことが望ましいということでした。学校運営に必要な経費も、学校裁量で使える範囲を広げていくべきであると考えていました。それにしても、教育委員会は自治体のなかでもっとも身近に学校と接しているわけですから、本来、学校のニーズを常に把握していなければいけないはずで、自分たちで考えるより学校に考えてもらったほうが、それこそ個別最適化になるはずです。

「三位一体の改革」のときにも使われたのですが、「ローカル・オプティマム」という言葉があります。「地域ごとの最適化」という意味ですが、お金の使い方を現場に任せることがもっとも効果的な方法になるということです。教育委員会がよかれと思って決めたことでも、学校では最善でないことが多いので、やはり現場の裁量に任せることが効果を最大化する「ローカル・オプティマム」です。その反対語は「ナショナル・ミニマム」です。これは、すべての子どもたちに最低限必要なものを国が対象経費を限定して保障する基準のことです。それを超える部分については、できるだけ現場の裁量に任せて、お金は渡すけれども使い方は任せるというのが基本的な考え方として必要なことだと思います。

そこから考えると、こうした教育委員会の対応については、確かに疑問です。地域的に解決するしかないと思いますが、地域の校長会から問題提起する方法もあるだろうし、とにかく現場の不満やニーズに応えていない対応について、教育委員会に問題提起し、教育委員の間で議論をしてもらうことも必要だろうと思います。あるいは、議会の議員さんを通じて、教育委員会が学校の不要な物を購入するといった予算の使い方について問題にしてもらってもいいでしょう。せっかく国から下りた予算を無駄な物に使うのは望ましいことではありませんし、自分たちの税金を最適なかたちで使うことは民主主義の基本であり、教育委員会と学校現場との話し合いは絶対に必要なことです。

この非常事態下で、何を買うべきか、どうしたらもっとも有効な予算の使い方ができるのかについて、たとえ手探りの状態であったとしても知恵を集めることは必要だったでしょう。文科省はそういうときに的確な助言をすべきですが、ただ文科省の担当課レベルの職員たちは学校現場のことを考えてよく頑張ったのではないかと思います。問題なのは、上が唯々諾々と官邸の指示に従っていることです。

巻末付録　「COVID-19に関する学校事務職員 緊急アンケート」全回答

「COVID-19に関する学校事務職員 緊急アンケート」の概要

1. 調査主体
現代学校事務研究会
学校事務法令研究会
『学校事務』編集部

2. 調査目的
学校におけるCOVID-19対応について、学校事務職員的視点から現状および問題点等を探り、さらに、本アンケート調査結果を『学校事務』誌上で公表し、情報の共有化を図ることによって、学校現場におけるCOVID-19対応・対策の改善、スキルアップ、問題解決に資することを目的とする。

3. 調査方法
質問紙によるアンケート調査（すべて自由記述方式）

4. 調査実施時期
2020年6月24日〜7月6日

5. 調査対象
全国の公立小中学校等の学校事務職員120名

6. 調査項目
①現在、COVID-19関連の対応・対策で困っていることがあれば教えてください。
②今後の検討課題となっていることがあれば教えてください。
③貴校独自に工夫していることがあれば教えてください。
④他校ではどのような対策を講じているのか、気になることがあったら教えてください。
⑤コロナ禍によって、あらためて気づかされたことはありますか？
⑥休校前・休校中・学校再開後等に、事務職員として「事務だより」などで、児童生徒、保護者、教員に向けて何か情報発信をしましたか？　それはどんな内容ですか？

7. 回収結果
小学校……66
中学校……47
小中一貫校……1
養護学校……1
その他（学校事務支援センター等）……5
合計……120

＊このアンケート調査結果は、学事出版のホームページでもご覧いただけます。
http://www.gakuji.co.jp/pdf/gakkojimu-covid-19-enquete-2020.pdf

Q1 現在、COVID-19関連の対応・対策で困っていることがあれば教えてください。（自由記述）

3密回避、ソーシャルディスタンスの確保

・教室に40人入る状態はどうやっても距離を保ちえず、密を回避できないこと。（小＝小学校／以下同様）
・1教室の児童数が40人に近い上、特別支援学級の子どもも加わるため、以前から机間指導をするのもやっとの状態。密を避けるのが難しいため1人1枚のパーティションを探しているが、仕様と価格の面で納得できる商品がまだ見つからない。（小）
・教室の3密（空き教室はあるが、教員がいない）回避が難しい。35人学級は机を離すことができない。（小）
・人数の多いクラスは、給食時間は2クラスに分けて食べさせたいが、エアコンが学習室にないため困難。（小）
・物理的（児童数・教室数・教員数・時間等）に密を避けるのは無理である現状。（小）
・学校によっては、1教室の人数を少なくするために学級を分割したいが、空き教室がないためできないような話を聞く。また、学級を分割すると教員の数が足りないため、一人で2教室を見ているようである。（小）
・ソーシャルディスタンスの確保（1200人を超える大規模校のため、何をするにも密の状況を回避できない。授業はもちろん、休み時間ですら全学年校庭に出られない状況で、身心ともに児童の健康管理が不安）。（小）
・新JISの机は天板が大きいため、教室からはみ出してしまうようである。旧JISの机でも教室の作りによっては、少人数であってもソーシャルディスタンスを保つことは難しい。（小）
・学校は再開したものの、マスク着用と3密回避は学校現場ではかなり難しい。3密回避に至っては、児童生徒は群れたがるものであるし、授業中も狭い教室（職員室も）での主体的・対話的な学びについて、そのスタイルを再考せざるを得ない。（中＝中学校／以下同様）

＊　＊　＊

・手洗い時や検診の待機時にソーシャルディスタンスが確保できるスペースがなく、しっかりとした感染予防ができていないのではないかと不安である。（小）
・音楽の合唱や英語のチャンツ、国語の音読、体育や運動会の練習、レクや話し合い活動などができずに、授業の進め方や学級作りが難しいようである。（小）
・音楽の授業では、リコーダーなどの楽器演奏ができず、歌も歌えず、成績処理に苦慮している。（小）
・学校の構造上、密になるケースがあり、対策にも限界がある。（その他）
・全校の半分くらいの児童がスクールバス利用である。3密の回避ができない。（小）

＊　＊　＊

・ソーシャルディスタンスが取れない。職員室が一番密です。（小）
・子どもたちが登校できない間、職員室内が密になったこと。いつもは人が少ない中で仕事をしているので、異なる環境へのストレスと、ここでクラスターが発生したら…という不安感が生じた。（小）
・職員同士の感染防止対策は十分だろうか。職員室での職員の意識が低い。（小）
・学童の対応もあったため勤務しなくてはいけない教員が多数いたが、新年度の学年担任・クラス替えの発表がまだだったので、学童対応の時間は対応する職員以外は教室移動や使用ができずに職員室が「密」だった（特に学童対応当番や学年・校務分掌の打ち合わせ、新年度準備・入学式準備で在宅勤務ができない日など）。（小）
・研修会で、感染防止のためグループワークが行えず、講義形式の内容となっている。対話的で深い学びのためには、グループワークを行いたいが…。生徒も同様、グループ学習が行えていない。（中）
・来校者に対しては、窓口にビニールシートを貼ったり、ミーティングテーブルを玄関ホールに設置したりして、できるだけ事務室に入られないようにしているが、児童への対応が難しい。たとえば、内履ズックを忘れた児童に貸出用スリッパを準備しているが、児童の事務室への出入りやスリッパの消毒が結構な負担になっている。（小）

・在宅勤務では処理できない業務が多く、通常勤務をしていたが、事務室はないので密を避けられたかは疑問。（小）
・支援室会議が3密を避けるため席の距離を離したりするので、話し合いが不自由である。（小）
・3密対策で愛校作業も要請人数が少なくなった。施設管理に不安がある。（小）
・3密の規準があいまいで判断がむずかしい。（小）

分散登校による問題点

・分散授業のためほとんどの教室を使って授業を行うので、生徒の机、椅子、電子黒板が不足して授業をするのが大変だった。（中）
・分散授業のため（本来は2クラスだが、学年を3つに分けて授業を行う）、教員の授業時数が極端に増え、一日に6時間授業を行う教員が増えた。そのため連絡、相談がつきにくかった。（中）
・分散登校（学級を2グループに分ける）をしたため、全学級で2回ずつ同じ授業をすることになった。教科書を拡大コピーしたものなど、授業1回で消費するものが必然的に今までの2倍必要になった。いつまで続くかわからず、予算の見通しがたたなかった。電子黒板などがあれば、そういった心配はなかったかも。（小）
・密を避けるための分散教室を行っているが、空調設備がすべて整っておらず熱中症の心配がある。予算確保や業者の手配などすぐに対応ができない。（中）

換気の問題点

・換気のため窓を開けた状態でエアコンをつけているが、どこまで窓を開ければよいか判断できない。平常時は30㎝ほど2カ所、斜めになるように開けるとしていたが、今は複数個所、半分ほど開けている。光熱水費は大丈夫なのか不安。（小）
・換気しつつエアコンをつけているため、最大で運転していることが多く、デマンドが鳴り出したら数カ所エアコンを止める必要があり困る。（小）
・換気のため窓を開けているが、虫が入ってくるし、風が強い日は砂埃がすごい。（小）
・換気のために窓を開けると害虫等が侵入し授業に支障がでる。全教室、体育館に網戸の設置はできるだろうか。（小）
・現在、エアコンをつけながら換気のため窓を開けているが、周辺を畑に囲まれているため害虫が室内に入り込む。梅雨の時期は特に土中の虫がはい出て教室に入るため衛生上問題がある。また、スズメやツバメが校舎内に入りこむことがある。秋になるとハチの活動が活発になるため心配である。（中）

熱中症対策

・マスクをすることによる熱中症対策。（中）
・夏場のマスク使用のためか、体調を崩す子どももいる。例年以上に熱中症対策が難しい。（小）
・マスクの常時着用は熱中症の懸念が大きく、授業中も苦痛な様子がうかがえる。（中）
・夏期休業中に授業が行われるが、特別教室にエアコンがついていない。（小）
・密を避けるための分散教室を行っているが、空調設備がすべて整っておらず熱中症の心配がある。予算確保や業者の手配などすぐに対応ができない。同じく一部の特別教室にも空調設備のない部屋がある。（中）
・本年度はプールの授業がないため、7～9月にかけて炎天下での体育の授業をどうしたらいいのか困っている。（小）
・夏休み短縮により8月に給食提供がある。本校の給食調理室の熱中症対策等に対する物品が頼りない（保冷剤を入れるアイスベスト、冷感マスクなど）。根本的な解決に至らない。調理員の労働安全が十分に確保されているとは言い難い。（小）

コロナ対策用品の入手困難等

・保健衛生用品（アルコール等の消毒薬、ハンドソープ、噴霧器、マスク、使い捨て手袋、非接触型体温計等）が手に入らない。または非常に高価である。※同様の回答13件（小11・中2）

・感染を防ぐために必要な消耗品などが品薄で調達が難しかった。調達できても、予算委員会の時点でコロナ対策を考えた予算を十分に確保できていないため、今後が心配である。（中）
・消毒をこまめにすればするほど、消毒液やペーパータオルの消費が増えるが在庫がない。注文してもなかなかこない。（その他）
・消毒液やマスクの在庫の確保ができるかどうか（現状では予備が確保できているが、業者へ問い合わせても予約さえ受け付けてもらえない場合もあると他校から聞いたため）。（小）
・児童数が多く、クラス数も多いため、消毒用アルコールや手指消毒液等の手配に苦慮している。（小）
・非接触型体温計を4月当初に複数本発注したが、3カ月経っても納品待ちの状態。（中）
・2月に注文した防護服がいまだに納品されない。（中）
・臨時休校が終わり、学校が再開となる際に、非接触型の体温計がなかなか手に入らず困った。登校前の検温は各家庭でしてくるが、放課後の部活動前の検温の際に学校に今ある普通の体温計を1回1回消毒しながらの検温となったので、かなりの時間・労力が必要となった。（中）
・消毒や安全対策に係る物品の購入・設置が各校に任されており、調達できずに困った。今後も物品が品薄になったときに調達できるかが不安である。自治体で確保してもらえないものかと思った。（中）
・使い捨てマスクや消毒液等、少しずつ普及してきたものの、学校で継続して使用できる量の確保（購入）が難しいため、現物支給してもらえないか。（小）
・感染予防対策のためのマスク、スプレー容器、ビニールシート（発熱者待機場所用）等の購入が困難で、何回もホームセンターや百円均一ショップに通った。（小）
・給食の配膳を職員が行うことになっているため、大人用の使い捨て手袋・帽子を購入したいが、取り扱い中止が多く入手が難しい。手袋は何とか確保できた。（小）

＊　＊　＊

・教室・校舎内の消毒作業について、使用すべき薬品（高価なアルコール性にすべきか、一定の条件で効果が認められたより安価な次亜塩素酸水で良いのか）や、使用頻度が明確でないため、消毒用品の選定に困っている。（小）
・消毒剤や感染予防機材のうち何が一番適しているのかわからない。本校は購入していなかったが、次亜塩素酸水のように適していないから使用しないようになどあとから連絡がくるが、何が学校現場で新型コロナ対策に適しているのか知りたい。（小）
・ウイルス対策として次亜塩素酸水を購入していたが、次亜塩素酸ナトリウムじゃないと意味がない、アルコールのほうが効果的である、スプレー噴射はよくないなど、情報がコロコロ変わり、結局何を買えば…？と困惑した。（中）
・消毒用の薬品等について、情報の伝え方が混乱の原因となっている。アルコールが入手できないため代替品を探したが、情報に踊らされた部分が大きかった。（小）
・物品購入を担当してはいるが、商品に係る知識を詳しく持っているわけではない。消毒関係の物品（アルコール等の消毒液や保管容器）の購入に苦労した。（小）
・新型コロナ対策用品の購入を管理職から依頼され購入したが、使用方法・保管方法等、職員から意見があり、その調整や準備が大変だった。（中）
・除菌用のアルコールジェルや非接触型体温計が品薄で手に入りにくい中、市費登録のない業者からの入手ルートが見つかったため、緊急事態ということで管理職に相談し現金で3本（各学年1本ずつ）購入したが、PTA役員から「正確な体温が測れない体温計は却下。脇下で測る体温計で測るべき。そもそも、自宅で測るように周知してあるのだから、学校に必要なものではない」との回答で、予定していたPTA会計からの支出ができなかった。（中）

コロナ関連の経費が急増

・臨時休校中は配付物が増え、コピー用紙代が増加した。（小）
・生徒の宿題を印刷するためのコピー用紙と印刷機のインク、マスターを大量に消費した。（中）

・「健康チェックカード」の作成のため、厚手の画用紙の消費が激しい。(小)
・休校中の課題作成や配布のための、用紙や封筒の使用が予想外にあった。また、お便りを作成しても急な変更により差し替えが多く、かなりの紙が廃棄となった。(小)
・電子黒板と電気機器を接続するためのHDMIコードを何本も購入した。(中)
・教室を消毒するためのスプレー容器を10個以上購入した。(中)

校内消毒作業

・下校後に教職員で行っている校内除菌作業の負担感。※同様の回答2件(小2)
・教室内外の消毒、子どもたちの手指消毒の実施など、教員(担任)の負担が大きい。児童用トイレの掃除も職員が担当。(小)
・児童が行うトイレ掃除は、掃き掃除のみにするよう市教委から通知があり、職員で対応しなければならない。消毒作業もあるうえ、負担が増している。(小)
・ただでさえ忙しい教員の業務に毎日の消毒作業が上乗せされ、体調を崩す者が増えるのではないかと心配している。(小)
・職員が通常業務プラス放課後に消毒作業、清掃作業(子どもにトイレ掃除等をさせられないため)を行わないといけないため、時間的にも体力的にも、非常に厳しい。また、トイレなどは、便器の内側までやるのか等、どこまで清掃・消毒すればよいのか基準がわからないため、丁寧に行うと、また負担が大きくなってしまっている。(小)
・教職員ともに、普段の業務に加えて消毒作業も毎日行い、疲労困憊。学校現場に消毒作業用の人材を派遣してほしい。(小)
・学校再開後、教職員が消毒作業にあたっているが、どこまで消毒すればいいのか、終わりのない作業に疲弊している。トイレ掃除はPTAに依頼して少し手伝ってもらっている。(小)
・消毒・清掃等の方法や頻度は学校に任されているが、教職員の負担が大きすぎる学校がないか心配。(中)
・毎日の消毒作業が実質的に有効であるかどうか…。やり方が不備のためにクラスター発生とか言われると困る。(中)
・学校の除菌方法など詳しく指示が欲しい。内容をかみ砕いて職員へ説明し実際行うことの指示を出すのは難しかった。研修会がなく市内学校間の情報共有が難しい(養護教諭)。(中)
・水泳の授業の後、更衣室ロッカー・ビート板の消毒等に大変な負担がかかる。(小)
・プール指導が実施されているが、ビート板、その他の物品等の消毒など教員の負担が大きい。密になる更衣室の状況や実施回数も従来より少なく、今年度実施すべきだったのか疑問。(小)
・消毒のためにと市教委から次亜塩素酸水が配給されたが、文科省から効果と取り扱いについて不安視され、対応に困った。結局、今後はアルコールを使用することとなった。(小)
・スポーツ団体等への学校施設の開放が始まった。名簿の提出・消毒などの準備ができた団体から使用を許可しているが、実際どこまで器具や施設の消毒など徹底できるのか。(小)

給食費等の問題

・給食費の返金等。(小)
・給食費算出が二転三転したこと。今後も情勢などに留意が必要。また、6月に入り、町として生産者支援を行ったことで給食費の減額という副産物につながったのは大変嬉しいが、7月分の集金システムを全校児童分手入力で直すことになった。(小)
・突然の休校等で給食費の返金処理が生じるなど、事務業務が増加している。(中)
・給食費の取り扱いが非常に複雑。学費未納の有無で集金額が変わるため、未納が多い学校は苦労しているのではないか。(小)
・3月の学校休業が突然決まったため、徴収済みの学校給食費の返金や、翌年度への繰越等の対応に迫られた。(中)
・給食開始予定が何回か変わったため、保護者からの集金金額をたびたび変更しなければならなかった。(小)
・3月と4、5月という年度末・年度始めでの休校だったため、給食費などの精算が大変だった。市教委からの指導で在校生分については繰り越し可となったが、卒業生については全員返金。長期間の休校を行うのであれば、急な対応ではなく事前に準備できる期間があると良いと思った。(中)

・学校徴収金について、口座振替ではなく現金で集金する家庭もあり、休校中の集金が難しかった。休校中は給食費については集金しなかったが、教材はすでに購入していたため集金をしないといけなかったため。(中)

・給食実施について話が二転三転したので、食材をキャンセルしたり、簡易給食用の容器を探したり、何度も献立を作りなおしたり、栄養士や調理員たちが翻弄された。今後も突然変更になるかもしれず、不安。(小)

修学旅行など学校行事の中止・延期・キャンセル

・修学旅行や林間学校の時期の延期をしたが、実施できるのか不安を感じている。修学旅行は、東京・千葉・神奈川へ出かけているが、旅行先を変更した学校があるようだ。林間学校はほとんどの活動を見直さなければならないため、実施自体に不安がある。実施できなかった際の手数料などの負担が心配である。(小)

・修学旅行の延期、内容再検討などで、企画料が複数回かかる模様(粘り強い交渉の結果、1回分で済むかも)。また、ようやく代案ができかけたが、第2波などで土壇場キャンセルになった場合のキャンセル料について。(中)

・万が一、修学旅行がキャンセルとなった場合のキャンセル料を市町村が負担してくれるか未定。実際にキャンセルが発生しないと交渉できないとのことだが、キャンセル時の対応について保護者に連絡しなければならないため困っている。(中)

・修学旅行やバス旅行で密を避けるため、バスの台数を増やす予定だが、保護者校納金の負担が年度当初予定より1人あたり1000～2000円ほど増額になる。学校保健特別対策事業費補助金では対応できないため、当初予定を変更する必要があり、保護者への金銭的負担が増え、予定額からの変更があるため未納者も増える心配がある。(小)

・社会見学先が受け入れてくれない。(小)

・校外学習やゲストティーチャーの招待などの計画(いつ頃再開するべきか、全部中止にしたときの児童への影響等)。(小)

・学校行事が予定通り実施できるか、実施できても例年と同じではないと思うので、予算の見通しがたたない。(小)

・無観客で平日、小規模の運動会を行ったが、保護者から苦情があったり、当日もこっそり見に来る保護者が数名いた。(小)

就学援助等の各種補助金の申請

・就学援助や各種補助金・教科書等の業務について、事務処理期間は短くなったものの締め切りに変更がなく、職員の負担が増加した。(中)

・4月当初に就学援助の申請を集約する予定だったが、なかなか集まらず市教委に締め切りを延ばしてもらった。※同様の回答2件(小2)

・就学援助の申請書の回収について、周知する機会が少なく大変でした。(小)

・入学説明会等が開催できず、保護者に十分な説明ができないまま就学奨励費の書類提出をお願いすることになったため、書類の不備が多く、保護者にも事務にも負担になってしまった。(養護学校)

・3月の休業に伴う給食費の返金や4、5月分の休業による給食費の年間徴収額等、例年にない事務作業が増加した。就学援助費や就学奨励費とも絡み、個人個人への対応が必要となった。(小)

・3月からの休校に伴い、就学援助費の給食費の返納が発生したこと。年度末の時期に保護者からの返納分集金や保護者とのやりとり等、前例のない対応に事務処理も混乱した。(小)

・市教委にいくら要請しても、国から要請されている保護者あて「新型コロナウイルス感染症の影響により家計が急変した世帯への就学援助のご案内」(再周知)等を出してくれない。(小)

・コロナ関係で失業したり、所得が減ったりしている保護者がいても、就学援助の認定はあくまでも昨年の所得で決まる。現状に対応できる制度にならないものか。(小)

・学校では、就学援助認定をコロナ減収も加えるべきと考えたところ、7月上旬に区教委より「新型コロナの事由で収入が減少した保護者へ」の通知で支給申請できることになった。就学援助申請は、昨年の認定者については教員と手分けして申請書が届いていない家庭について電話確認した。PTA会費の減免なども考慮すべきかも。（中）

・就学援助費に関しては4月に一旦家庭から提出があったが、コロナ禍による収入減が5月頃から出始めたのか、6月になって「今からでも間に合いますか…」という問合せが来るようになり、現在も受け付けている。給付金と連動しているのか地教委側から「この保護者に就学援助申請書を渡してください」という連絡も7月現在何件か受けている。7月に判定結果が出ないかもしれない。（小）

・学校給食費の支給などの就学援助に係る事務がかなり煩雑になっており、担当者との連携が欠かせない。（小中一貫）

・教員が在宅勤務のため、4月の提出物（就学援助費・徴収金のクラス名簿・予算委員会の資料等）が揃わなかった。（小）

職員の収入減・休業補償等

・非常勤講師のスクールカウンセラーが4、5月は出勤できず、無収入になった。（小）

・児童への学習支援に関わる職員と給食調理員（いずれも町臨時的任用職員）に新たな業務を見つけることに苦慮した（そうしないと、欠勤＝収入減となるため）。（小）

・会計年度任用職員（非常勤）の休業補償について不明点が多く、年間の勤務体制について検討が難しかった（市教委の業務が多忙を極めていることは承知しているが、会計年度任用職員に関して4月、5月に勤務をしない日は休業補償の対象になるというアナウンスのみで、追加配当がくるのかどうか等、先の見込みが立つような情報が周知されなかった。その分、会計年度任用職員の先生方が独自に工夫をして、早めに帰ってその分を夏休みが短縮されるようであればそこに充てよう等と苦労をして時間を確保することとなり、個人に対する負担が多くなってしまった。本来であれば、学校長と市教委側が考え、一個人の会計年度任用職員に負担をかけるべきでない場面で負担をかけてしまった）。（中）

・非常勤講師の勤務について。4月、5月は休校のため勤務がなくなった。「自主登校」の児童管理で勤務可能と言われたが、夏休みが短縮されて授業日になるだろうという噂もあり、そうなると年間で決まっている勤務時間が3月までもたないだろうということで、最低限の勤務にしてもらった。結局、6月下旬に県の予算がついたようで追加された。（小）

・休業期間が突然変更されることが何度もあり、非常勤講師の勤務計画をそのたびに変更する必要に迫られた。（中）

・新規採用教員の研修が6月までオンラインとなり、新採者が出張中のための後補充教員が出勤できず、無収入になった。その他の授業補充の非常勤講師も同様に出勤できなかった。（小）

・用務員等、市町村職員の勤務条件について、夏休みが短縮されたため勤務すべき日数が増えたが、年間の予算があるため、8月に勤務できない日がでてしまう。給食も実施されるが勤務できない。他の教職員に給食準備をしてもらうにしても、消毒等、感染予防対策に時間をかけているなか、準備をできるのか、用務員自身が気にしてしまっている。（中）

予算計画・執行上の問題

・感染症対策用品（保健衛生関係の消耗品、パーティション等）の購入により、予算が切迫している。※同様の回答9件（小5・中4）

・総じて予算措置に見通しが立たず、行事や作業も例年通りではないので、効率的な予算執行ができない。※同様の回答3件（小2・中1）

・学習用の野菜を植える時期までに再開しないのでは？など、学用品の購入計画が難しかった。（小）

・ほとんどの出張がなくなり、今後の見通しも立たないため、旅費予算の執行計画が立てられなかった。（小）

・各種大会が中止になったことで、派遣費の予算立てが難しかった。（中）

・学校予算の都合で、当初は感染防止対策に大きな費用をかけることができなかった。（中）

＊　＊　＊

・交付金について市から何も通知がないので予算の見通しがつかない。（小）

・必要な消耗品はあきらかに増えたのに、公費予算の追加配当が不明な事。（中）
・どんな対策をするにしても予算がないとできないことなので、まず国から市町に予算を配当してほしい。（中）
・どういう範囲まで消毒・除菌が必要なのかのライン引きが難しい。いまだにコロナ対策用の追加予算が付かない中、配当されている予算にも限りがある。（中）

＊　＊　＊

・光熱費（エアコン代、電気代等）が心配。※同様の回答3件（小1・中2）
・消毒に有効とされるものが二転三転する。そのたびに購入しなおさなくてはならず、出費が多い。（養護学校）
・トイレ清掃用に、普段は購入していなかったモップを購入するなど、出費が増えた。（小）
・児童生徒の机に飛沫防止のアクリル板のような仕切りを設置するか（透明度によっては子どもの視力低下が心配であり、購入予算の確保と使い方についても懸念事項が多数ある）。（小）
・教職員のシールドなど（マスク以上の物品）は公費でまかなってもいいのか迷っている。（小）
・校内の感染予防対策として、フェイスシールド、非接触型体温計、アクリル板などさまざまな用品があるが、有事とはいえ、公費の支出の適正さも必要であるため、「どのような場面で、どう使っていくか」「代替品はないか」などを教員と考えながら購入をしている。（小）

＊　＊　＊

・検診（特に歯科検診）用の使い捨て手袋、またその他コロナ対策用と思われる消耗品の支出が国からの補助金で対応して貰えるのか否かまだ不透明であり、配当予算の残高が心配。（小）
・学校保健特別対策事業費補助金の活用方法を検討する時間が短く、適切な購入ができるか不安。（小）
・市の補正予算により、学校に対して感染症対策費として、1校あたり200万~300万円ほどの追加配分がある予定である。どのように効果的に執行するか、校内での連携をしっかり行う必要がある。また、校長の契約専決権40万円を超える契約も起こりうるため、早い段階から市教委との調整も必要となってくる。（小中一貫）
・校長からは、国からの補助金や修学旅行に対する援助などの情報を教えてほしいと言われたが、私たち事務職員でもわからず、収集できていない。（小）
・学校事務職員は、年度初めの多忙に加えて、市費職員の服務の変更や県費負担教職員の休暇処理でさらに多忙な日々だった。7月に入ってからは、「感染症対策・学習保障等支援費」の執行が追加の業務となった（「感染症対策・学習保障等支援費」令和2・6・29：国の第二次補正予算を受けて金沢市教育委員会が創設。学校長の裁量で執行。小中ともに児童数600人以上の学校に60万円、児童数600人未満の学校に30万円）。（小）

＊　＊　＊

・校長会で市内の学校ではプール授業の一斉中止を決定したが、塩素剤を市教委でもう発注済みで取消不可能であった。（小）
・例年支出しているバス代等が浮いてしまい、予算を今後どのように振り分けていくのか企画するのが難しい。（その他）
・基本、本校の対応は消毒・手洗いであるが、本校は東京では大規模な中学校であるため、消毒液やハンドソープの大量購入ができず、見積もり合わせなどをせずに緊急購入にしてしまっている。（中）
・FAXで送られてくる売込みの品物には代引きなどが多く、公費で購入できない業者が多いが、管理職などに説明してもなかなか理解してもらえない。（中）
・コロナ対策で消耗品や備品の要望が多いが、もともとぎりぎりで執行している予算から捻出してよいか判断に迷った。また、先生方からの「予算はありますか」「買えますか」という質問に対し、4、5月段階の予算はあるが、一年間の執行を考えたとき厳しい予算状況の中でどう答えれば良いのかわからなかった。万一、年度末に予算がなくなり物品が購入できなくならないか不安で、コロナの影響で予算がないことを理解しながらも「なぜ予算がなく買えないのか」「どうにかならないか」と声が上がらないか心配。（小）
・コロナ対策用品の購入は、学校に令達されている予算内で対応しているが、コミュニティスクール委員から、コロナ対策用の予算の

配当はないのかという指摘があった。(小)

・学校集金の未納が昨年度より多くなっている。早期回収できるかどうか不安。(中)

コロナ関連の文書処理業務が急増

・膨大な関係文書が市教委を通じて流されてくるが、内容を読み切れないでいる。(中)

・新型コロナウイルス関係の文書が多数届くため、文書受付量が増加した。(中)

・臨時休校中は、感染症に対応した文書が何度も出たため、文書内容を理解するだけでも、通常より業務内容が増えた。(小)

・新型コロナウイルス対応に関する文書の量が膨大で、処理が煩雑だった。(小)

・3月、4月は市教委から毎日のように電子文書の指示がきていたので、事務職員は在宅勤務ができなかった。(小)

・7月現在では落ち着いているが、4月の1カ月間は連日コロナ関係の文書が送付され、毎日のように対策会議、保護者への配布文書の作成、消毒作業、コロナ関連用具・消毒液等の購入と対応に追われ、通常業務は時間外や休日にしなければ回らなかった。(小)

教育委員会等の対応への不満・要望

・規制の連絡はあるのに、解除の連絡がこない。例:2週間の自宅待機。(小)

・国→県・市→学校への連絡が遅いため、結局は学校ごとの対応となってしまった。市教委からの統一的な指針が示されれば、計画的に学校運営を行うことが可能になると思う。(小)

・市教委が配布する物品や追加予算についての事前の通知が遅く、現物が届いた時点ですでに学校独自に購入してしまった等の場面が多い。※同様の回答2件(中2)

・6月1日(月)付で「学校再開に伴う感染症対策・学習保障に係る必要物品の調査」があり、6月5日(金)まで備品・消耗品予算を校内の要望を取りまとめて提出したが、すぐにでも必要なものばかりなのに、いつからその予算を執行していいのか、実際の配当はどうなるのかがわからず、必要物品が購入でさずにいる。実際は待てずに購入してしまったものもあるが、業者に待ってもらっている。どうしても時は他の物品購入で調整する予定でいるが、予算の裏づけなく購入したことへの罪悪感がある。(小)

・「学校再開に伴う感染症対策・学習保障等に係る支援事業費補助金にかかる事業費」についての調査が6月末にあり、極めて短い期間で管理職等と話し合い、市教委へ回答を提出したが、市の補正予算議決等を経ないと予算がおりず、最短でも秋(そもそも全額認められるか未定)では熱中症対策に不安がある。さらに、消耗品費、備品費、手数料等といった費目(節)に縛られて節間流用ができないと聞いているが、柔軟な運用ができなければ厳しいのではと思った。他の自治体も同様だろうか。(中)

＊　＊　＊

・消毒液等、衛生関係の消耗品は一部が市教委から配当されたがとても足りず、不足分は学校が直接購入するしかないのが実態だが、自治体ごとに物品会計規則等で定められた費目や購入区分が足枷となり、在庫がある業者から購入できないことがあった。全国的・全世界的な災禍のなか、現場視点を持って対応してくれる市教委の担当者が望まれる。もしくは学校のそうした実情をまとめて市教委と相談できる窓口があると良い(市教委・行政との風通しの良い関係)。近場のドラッグストアには在庫があるのに、公費で購入できる業者ではアルコールが品切れということがままある。商品の物流などの問題もあり、いろいろ難しいが、現在の状況はいわゆる災害状況下(からの復興状況)なので諸々柔軟な対応ができると良い。(中)

・市町村教育委員会から物品の配給があるが、学校では使いづらいものが届く。簡易調査でも良いので、学校現場の意見を聞いてほしい。(例)曇り防止機能のないフェイスシールドが届くなど。(中)

・消毒液やペーパータオル等が大量に必要になったが、予算が厳しくどこまで購入すればよいか判断が難しい。国の補正予算で市教委が勝手に購入するものを決めて学校に配布するかたちになり、本校では必要のないものが支給される。(小)

・国からおりてくるはずの予算を市教委が先に使ってしまっている。市が一括で購入すると安くなるのはわかるが、これ以上、非接触体温計はいらない。ペーパータオルも使わない。これらの代わりにアルコールがもっとほしい。そういった要望の引き上げもないままに使われてしまっている。各学校で事情が違うということを理解していないことに憤りを感じる。というか、早く学校に予算を降ろしてほしい。今すぐでなければ意味がない。（中）

＊　＊　＊

・市教委の指示が二転三転したり、結論がなかなか出てこなかったり、急展開な対応指示で現場に混乱が生じた。たとえば、休校のため給食提供が無いなか、市教委から学校再開でスムーズに給食が開始できるように通常どおり集金をし、年間予定回数に満たなかった分については年度内に調整をする旨の通知が届いた。後から集金方法は学校の実態に応じて行うよう指示があり、本校はさまざまな考えがあるなかで、管理職と相談の上、休校中ではあるが説明を添えて口座振替を例年どおり実行。結果的には、以下の利点を得ることができた。①集金通知とともに就学援助の呼びかけをし、新型コロナウイルスの影響により収入減が見込まれる家庭が申込をするきっかけを作ることができた。②保護者にメールやHPで知らせたことをきっかけに、学校HPに事務室ページを開設。③予定外の追加徴収をすることなく、予算に余裕を持って給食提供が可能となっている。（小）

・特に5月中旬〜下旬にかけて、学校が行事や授業の方法を計画立てて行おうとしていたのに、教育委員会がトップダウンで、5月18日からの週は半日授業を3日行うとか、25、27、29日はフルタイムで授業するとか決定するので現場が混乱した。先の見通しも立てづらくなった。（中）

・Zoom等での行政研修が行われるが、接続テスト等を貴重な授業時間に教育センターが設定してくる。（小）

＊　＊　＊

・さまざまな任用形態の職員が増えたり、変更があり、採用時の書類の提出が沢山ある中で、市教委の説明会が中止になり、わかりづらい面があった。（小）

・過剰な衛生管理。正しい情報がなにかがあやふやなまま、統一して行うよう指示がある、マスクや手洗い、うがい、換気の他に、過剰なアルコール消毒のためのアルコールやビニール手袋等を要望してくること（市内の小学校は児童全員分のフェイスガードを配布しました。あきらかに行きすぎだと感じています）。（中）

・文科省の通知によるものだが、2カ月以上感染者の発生のない本県でも全校統一の対応が求められることへの不満。（小）

・現実的でない対応を求められる。例：マスクの手洗い。（小）

・地教委が新型コロナウイルス関連の対応に追われ、通常通りの業務に支障をきたした。（小）

・教委の方針に従って真面目に対応しているとヒトもカネもモノも足りない。事務職員の観点で書くなら、モノが手に入らず、多少高額なモノを購入することによりカネがかかる。国庫補助金が来たとしても、現状ですでに執行がされているため、後出し的な補助金が有効利用できない可能性があり、不安である。管理職の考え方ひとつで、「やりすぎ」に陥ることもじゅうぶん考えられ、カネがないなら保護者負担と安易になりそうなのが心配である（自分を守る＝受益者負担が正当とされそう）。（中）

・休校に際し、職員より先に報道で保護者が知るという事態が多発した。保護者の学校不信につながるので極めて問題あり。また、市教委の決定を校長から保護者へ伝えた途端に、真逆の決定が報道されるという、市長部局、市教委の判断が迷走し保護者の不安感を駆り立てた。（小）

オンラインシステムの未整備等

・WEB会議システムを利用したリモート授業や校内集会を行うにあたり、学校のネット通信容量が極端に少なく不安定であるため、途中で断絶する。対応できるネット環境を整える必要がある。（中）

・オンラインの設備が整っていないのでオンライン授業等が行えない。また、オンライン授業をするためにはガイドラインや計画書、報告書の作成が必要で、手間がかかる。（小）

・市教委からオンライン学習をするように市内全小中学校に連絡が

あったが、対応できる職員が少なく、負担が偏ってしまった。現在も「G Suite for Education」を全教職員、児童に導入するために保護者から承諾を取っているが、なかなか承諾してくれない保護者もおり、連絡を重ねるなど、業務負担が増えている。（小）

・オンライン授業を推進した。メディアでも多数取り上げられた。しかし、家庭によって端末やネット環境がさまざまであることが問題である。ただ、これはGIGAスクールを推進する上で重要な問題点が浮き彫りになった。GIGAスクールにて一人一台を掲げているが、クラウドを活用する際は、学校という施設の中だけでなく、各家庭や公共施設にも環境が整ってこそ、価値がより生まれることに繋がるはずである。今回のCOVID-19の対応で、本市で「G Suite for Education」が導入された（全教職員と全児童生徒にアカウントが付与される）。（小）

・オンラインを活用するにあたり、研修等が必要になってくるが、カメラ付きのパソコンが揃っていなかったり、研修時間の確保がむずかしい。（小）

・オンライン学習について知識がある職員がいる学校といない学校の格差の問題。（小）

・オンライン学習を行う環境がある家庭とそうでない家庭での格差の問題。（小）

・研究活動（各教科、学校事務等）について集合しての会議が憚られ、オンライン会議は十分な環境が整っておらず（校内Wi-Fiが弱い、カメラ付きPCの台数が少ない、職員用と生徒用のネット回線が異なりオンライン会場の確保が難しい等）停滞がみられる。（中）

・年度当初のさまざまな会議が書面開催とされ、情報を伝達することに苦労した（Outlookを主として使用し、会議資料を配布しようとしたが各自治体のメール機能がセキュリティ重視の側面が強く、データ量の制限、圧縮ファイルの送付等で問題が多々起きた。それに代替するフリーメールソフトやクラウドの使用もセキュリティの側面から使用できず、Zoomやスカイプも使用できない。私の勤める地域の公立小中学校は、世の中の情報環境とはかけ離れた状況であるように感じた）。（中）

・テレワークを行うための設備が不足していたことです。持ち帰りができない個人データや財務データを自宅で確認するすべがありませんでしたし、教員用PCにはマイクもカメラもないためテレビ会議のようなものに参加できなかったり、校内にWi-Fi環境もなかったため、そもそも通信が遅いといった脆弱さがありました。部活動関係の会や教科役員会などがテレビ会議で行われる際は、わざわざ自宅のWi-Fiを使ってもらい、在宅勤務の一環として行ってもらうなど、教員に負担をかけてしまいました。秋頃には、生徒へのタブレット配備を含めICT設備の整備が進むとのことですが、もう少し早く進めておくべきだったなと感じています。（中）

在宅勤務の問題点

・在宅勤務を命じられたが、事務職員は市や県とつながっているパソコンを使用していたり、個人情報を扱う業務が多いため、在宅でできることがあまりない（or在宅勤務はしなかったor通勤せざるをえない）。※同様の回答27件（小17・中10）

・在宅勤務を命じられたが在宅で業務できるICT環境が整っておらず、個人情報の紙媒体を自宅に持って帰ることができなかったので、在宅勤務できなかった。（小）

・パソコンやiPadを持っていないため、在宅勤務はなにをすればば？となりました。管理職からは、在宅しなさいと言われ（管理職の気持ちもわかります）、でも在宅すると直面している仕事は進まないため、結局1日しか在宅しませんでした。学校のパソコンにUSBを挿せないため教諭も困ったと思います。（中）

・在宅ではなく、職場内での場所を変更しての勤務を容認してほしい（通勤は自家用車使用の場合）。（中）

・学校事務職員が在宅勤務をする場合、安全なセキュリティのもと、自宅でも学校内LANへアクセスできるようなシステムがあれば良いなと感じた。（中）

・4、5月に在宅勤務命令（自宅に出張扱い）が出たが在宅では仕事にならず、多忙時期のため、結局、平日遅くまでの勤務や土日に対応していた。（小）

・在宅勤務でできることが限られており、単純に出勤したときの業務量が増え、結局時間外勤務をした。(小)
・年度当初の繁忙期のなか、財務や徴収金関係事務、給与事務等のため、在宅勤務制度をほとんど活用することなく、特に4月は年休等も出張も一切ない異例の月となった。通勤はできる限り交通機関を利用しないよう努めた。事務職員には在宅勤務は馴染まないと考えるが、感染症予防の観点からはそれではいけないため全国の学校事務職員に葛藤があったのではと思う。(中)
・事務職員は在宅勤務はできない。学校に来れないなら、いっそ休暇をとったほうがよい。(中)
・事務職員も在宅勤務の対象となったが、個人情報を含む業務が多いため、年休を取らざるを得なかった職員がいた。(中)
・教職員も交代で在宅勤務をすることになったが、同じ職場でありながら在宅勤務の扱いが教育職と行政職で異なり、事務が在宅勤務をする場合は年休扱いになるといわれた。(小)
・オンラインによる事務処理が困難なことや情報の持ち出しの制約から、在宅勤務についてのとらえ方が事務職員間で幅があり、少なくない事務職員が緊急事態宣言下でほぼ毎日出勤していた。(小)
・休校中は在宅勤務の取り扱いとなったが、学校ごとに対応がさまざまで、実施している学校、実施していない学校があったように感じている。実施している学校では一部の職員だけが在宅勤務をしていたり、子どもを預けることができないので一緒に出勤した職員もあったりということもあったようである。事務職員は在宅勤務の該当ではないとした学校もあった。(小)
・在宅勤務をされた方に、どういったことに取り組まれたのか聞いてみたい。(中)
・在宅勤務で何をすればよかったのか、何をしたのかを調査することが必要である。(中)
・在宅勤務で行った業務の報告書を作成していない学校があるが、来年度の監査で報告書の提示を求められた場合、どのように対応するのか心配である。(中)
・文書処理等があり、事務職員はあまり支障はないと特に管理職から在宅勤務を命じられませんでした。私自身も在宅をしたいわけではなかったので、何も思いませんでした。(小)
・在宅勤務の拡大等によって服務事務が従来よりも煩雑になっている。(小)
・在宅勤務の制度も突然校長会で連絡が来て、職員会議で説明があったものの、制度の詳細(対象取得日や取得できる人数、申請書や報告書の様式、提出物等)は文書で確認するか取得後にあらためて書類をそろえるといった形で混乱した。特に申請様式と報告様式は県立学校の様式がそのまま送付され、学校で作り直さなくてはならなかった。(小)
・なぜかわからないが、管理職が在宅勤務の通知を職員に周知していない。(小)

共同実施関連の問題

・共同実施が縮小開催となり、繁忙期の業務を集中的に処理することができなかった。(中)
・共同実施で集まれず、皆で年間計画や目標の確認を行うことができなかった。(小)
・共同学校事務室で集まれず、業務が不安になった。(小)
・情報共有の場として有意義な共同実施が8月いっぱいまで中止。市内サーバでの情報共有はできたが、「話し合い」によるアイデアの共有ができなかった。(小)
・共同実施の会議をどこまで開いてよいのか、判断に迷う。(小)
・共同実施ではマスク装着、机を離す、窓を開ける、などの対策をしているが、これでいいのか不安。(小)
・グループ別共同実施協議会が通常どおり開催できず、違う形で行った。(小)
・共同実施内に新採事務職員を迎えたが、県教委主催の新採研が9月まで中止になり、その間の指導を共同実施内で対応することになった。今年の新採は県内で十数名配置されたが対応にバラつきがあるのではと感じる。(小)
・3~5月の会議や研修会が中止・延期になるなか、予定通り事務センターにみんなを集めてよいものか悩んだ。結局、どうしても集まらないといけない日のみ開催し、集まる回数を減らしたが、他の事務センターは予定通り行ったところもあったと後で聞いた。今後、第2波がきたときは他の事務センターの動きも参考にしながら決めたい。（中）

研修・会合等の延期・中止

・教育事務所主催の給与事務説明会が中止となったが、今年度は任用や共済事務に大きな変更があり戸惑いが大きかった。（中）

・コロナの影響で研修が減り、自分のスキルが伸ばせるか不安。（小）

・教育事務所管内の研修団体の活動計画・研修計画の立案が遅れたうえ、案の会員承認を受ける総会の予定が遅れるなど、研修団体の年間運営に支障が生じている。このことは管内各地区の研修にも影響を及ぼしているし、次年度の活動計画・研修計画にも当然影響が生じるものと見込まれる。（市支援センター）

・事務研究大会について、全国大会を含めて、延期や中止となっている。実践における研究の必要性や重要性を希薄にさせないためにも、新しい形での発信や次年度以降の大会の在り方を考える必要があると思います。（小）

・事務職員研修や共同学校事務室での集まりが制限され、研鑽や情報共有ができず、資質向上の場が少ないことが課題。（小中一貫）

・県外の大学教授などが講師の学校事務職員の市の研修（6月・12月）が2講とも中止になった。オンラインやビデオの視聴等で開催してほしかった。開催時期が8月の他の一般教員向けの県外の大学教授等が講師の研修は予定通り開催。（小）

・校長会以外の会議が6月末まで実施されなかった。年度初めの会議が専門職（教頭、養護教諭、栄養教諭、事務職員それぞれの会議）ごとに開催できなかったため、一斉統一確認ができなかったので不安を感じた。保護者の学校を超えた横のつながりが広がっているので、同じ市内で同一歩調部分と学校独自部分を確認しておく必要があったように感じている。（小）

・対面の出張が難しい。県事務職員研究協議会の研究部では担当者会ができないため、Ｚｏｏｍで行いました。（小）

・さまざまな会合（会議）で集うことができず、対応に苦慮した。（小）

・各種研修会が中止になり、実質何もできない状況である（資料を読んでレポートを書いても限界があると思う）。（中）

・新規採用者の研修が中止または延期となり、地域での交流の機会が少なくなった。（中）

保護者との連絡等の問題

・ＰＴＡ総会が開催できず、活動計画や予算・決算の承認が得られない。※同様の回答2件（小2）

・ＰＴＡ総会は資料配付で承認を得て無事終了。今後のＰＴＡ活動に関しては感染終息の状況に応じ進めていく予定。（中）

・ＰＴＡ総会等、紙面決済のみの会議が多く、実際に細かい点について補足説明ができない。（小）

・ＰＴＡ総会も保護者懇談会も開催できないため、書面やホームページ、緊急メール等を通して学校の方針を周知したり、お願い事をしている状態であるが、行き違いがないか常に不安がある。やはりオンサイドでの対話・説明が望ましいが、第2波、第3波を思うと、大人数が集まることには抵抗がある。（中）

・ＰＴＡ総会が開催できず、今年度から導入した学校徴収金システムについての説明が紙面でしかできなかった。（中）

・ＰＴＡ総会が開催できず、結果4月の学級ＰＴＡも開催されなかった。学級徴収金については担任が学級会長宅へ訪問し承認を受け執行している。（小）

・ＰＴＡの活動がほとんど中止となり、会費の使い道がない。返金すべきか？（小）

・ＰＴＡ活動が縮小されている中で、保護者や地域の声を直接聞く機会が少なくなっている。学校・家庭・地域が一体となった教育を目指していく中で、新たな形を模索する必要があると感じました。（小）

部活動の問題

・部活動に大きな制限がかかり、中体連の大会の多くが中止となった他、秋の大会については未定となっているものが多い。生徒派遣のためのバス配車や、補助金の交付申請も不透明であり手続きに困っている。（中）

子どもたちのメンタルケア

・授業や活動が制限されるなか、本来であれば楽しい給食も前向き無言であるので、さまざまな要因から児童のストレスも溜まっているように感じている。スクールカウンセラーの予算が減ってしまったので、今後が心配である。（小）
・子どものメンタルケア（過剰な手の消毒、他の子の机や椅子が触れない等）。（小）

その他

・小さいお子さんを持った職員が多いため、保育園／幼稚園が登園自粛で職員が手薄になってしまうこともあった。（中）
・小学生の子をもつ職員が毎朝お子さんを車で学校まで送っているのだが、コロナの影響で8時30分からしか学校に入れてもらえず、職員の出勤時刻に合わせて送ると約1時間お子さんを正門前で待機させなくてはならない状況であるため、勤務時間をズラしたいと相談があった。教職員企画課に問い合わせたが、それに対応した制度はなく、遅れて出勤するのであれば年次休暇しかないとのこと。年次休暇では限りがあるので、今後が心配である。（中）
・繁忙期加配の養護教諭の任期が、4月1日から6月30日までだったが、内科や眼科、耳鼻科等、身体測定以外の検診が先延ばしになり、大変な時期に加配職員がいない事態になった。（中）
・4月から就職が決まった職員の扶養親族が、自宅待機となり会社に出勤できなかったため、保険証が会社から支給されず、職員も扶養の認定を取り消すのに時間がかかった。（中）
・新規採用・転任者に対する対面によるサポートができず、1校1人体制の弱点があらためて浮かび上がった。事務職員の集まりができないことについても同様である。（小）
・4、5月に事務長として室員との面談を予定していたが、延期せざるを得なかった。（中）
・大学院修学派遣の職員がオンラインとなり、5月まで具体的指示がなかったため、各自学校での対応がバラバラになってしまった。（小）
・授業補充の支援員等の業務がなくなり、学童支援などほかの職場への業務もしくは報告欠勤を余儀なくされた。（中）
・2020年4月に異動したこともあり、現任校の状況（保護者の状況・地域の状況等）がよくわからないまま7月を迎えている状態である。町内の事務職員も半分以上が異動し、教育委員会も教務担当以外は異動したため昨年度の状況がわかる者がほとんどおらず、ＣＯＶＩＤ-19対策と並行して通常の業務もきちんと執行できているか不安である。（小）
・自分は入っていないが、児童の検温当番の日は出勤が7時30分以前、児童下校は16時15分のため超過勤務になる。本年4月に異動したため実態がわからず、保護者からの連絡に苦労している（担任へ保護者への依頼をするのにも苦労している）。（小）
・本年度はプール指導が中止になったが、施設を来年度まで放置しておいてよいものか不安。※同様の回答2件（小1・中1）
・プール指導を実施しているが、更衣室の確保に困った。体育館の倉庫等も利用している。通常なら「足拭きマット」を使用するが、感染予防のため使用していないため床が水浸しとなることがある（児童への指導のお願いをした）。夏休みの短縮、学校閉庁等で、10日ほどの稼業日となるため、校舎清掃等の日程調整に困る。（小）
・児童の中に頭ジラミが見つかり、全クラスで担任が確認することになったが、接触を伴うためどんな方法が最善なのか疑問である。（小）
・カリキュラムの再編成。（小）
・市内でも、学校により解釈の差異が出始めており、同じ行事への対応がバラバラになって来ている。（中）
・感染防止対策にかかる時間・人員の不足。（中）
・マスクのために表情が読みづらいのでコミュニケーションに支障をきたす（生徒とのコミュニケーション、職員とのコミュニケーション、事務センターでのコミュニケーション）。（中）
・聴覚障がいのある児童・生徒・職員とのコミュニケーションの手

段。（支援室）
・児童数に対して手洗いの蛇口の数が圧倒的に足りない。（小）
・手洗い場に歯磨き用品置き場があり、歯磨き時に飛沫の心配がある。（小）
・新型コロナウイルスの色々な情報があり、どれを信じて2次感染対策をすればよいかわからない。（中）
・保健衛生関係予算の確保ができるかどうかわからないなか、また、蛇口の数も増やせないなか、現状の施設やあまり増えない予算で持続可能な「学校での新しい生活様式」を構築していかなければならない。これからわかってくる部分も多いと思うが、対策していることが効果的なのかどうかエビデンスに基づいた情報が欲しい。（中）
・安全な給食の配膳方法など、配膳・下膳のプロセスまで、すべて学校で検討しなければならないが、本当にそれが感染予防として適切なのか不安。（小）
・多くの来客と接するため、もしも自分が感染してしまったときの感染経路の特定ができないのではないか。（小）
・発熱で休んだ場合、コロナ感染拡大予防のための休みになるのか（児童は発熱で休んだ場合、欠席扱いにしない）。（小）
・昨年度の生活保護の振り込みが遅くなり、書類の回収が年度明けになってしまいました。（小）
・市町村により異なるが、臨時休校中に小学校では児童の受け入れを行って職員が指導していたが、中学校では受け入れを行っていなかったこともあり、校種によって負担が違ったように思う。児童の受け入れの際に、学校の消耗品（紙、折り紙、画用紙）を消費していたので、在宅の児童との不公平感や予算の確保が心配である。（小）
・休校、分散登校のとき、放課後児童クラブは15時からしか運営しなかった。休校中も親の仕事等で家に児童だけでいられない場合は学校での受け入れを県から要請されていた。放課後児童クラブが始まる時間まで、「自主登校」として朝8～15時まで教職員が児童の受け入れや管理をすることになった。どの児童が自主登校するのか、何時に保護者が迎えにくるのか、学校の職員を自主登校の管理に充てていたが、その当番表を作ったり、そのために膨大な時間を費やした。自主登校は、在宅勤務なのに子どもが家にいると集中できないから（？）学校に預けてくる家庭や、祖父母が送り迎えをしている家庭（祖父母が家で見れるのでは）などがあったが、学校からは受け入れ拒否ができない状態であり、各家庭の良識にゆだねるしかなかった。（小）
・コロナ対策で通常業務より先生方も負担が増えているようだ。（小）
・夏季休業が短縮された影響で、教職員の休みをとることが困難になり、働き方改革の推進が頓挫している。（中）
・コロナの影響で急に辞めた職員がいた。その後も、学校は感染クラスターが起きやすいとの不安から決まりかけた方が「家族が心配で…やっぱりできません」と断ってきて、なかなか決まらない（まだ定数内での欠員もある状態で、配慮が必要な児童も多く、職員数が足りていないことは本当に大変です）。（小）
・市が収入減や失業者の緊急雇用を実施しており、本校にも3名配置された。職員室に座席スペースがなく、事務室に座席を設けた人もいた。市の会計年度任用職員として正式に雇用されているので、守秘義務があることも当然わかっているだろうが、児童の家庭状況の話や教員の扶養親族の話など、事務室で行っていた教員との情報交換がはばかられるようになった。また、校区内の方なのでなおさら気を遣う。（小）
・市教委・管理職の平常性バイアスについて：コロナ騒ぎの唯一の救いは、無駄に忙しい学校現場に強権的な休校要請が降ったことで、学校が本来やらなければいけないことと、やらなくても良いことを見分けるチャンスが与えられたことです。子どもへの対応業務は、とかくすべてにおいて手落ちがないようにと、何度も会議を重ねて立案実施していますが、それらがそもそも必ずしもやらなくて良い業務であったということも多々あったのではないか。「要請」も、現場では強制的な業務停止「命令」となるわけで、業務見直しの絶好のチャンスだったように思います。しかし、緊急事態宣言が解除され、学校は一挙に平常モードに戻ろうとしています。当然、3カ月の遅れを取り戻そうと、1日の、1週間の授業時数は増やされ、そこへ部活動、修学旅行、2学期の体育祭、文化祭、その他諸々を上乗せするのですから、平常どころの話ではなくなっています。マスクをしながらどうやって体育祭の練習をせよというのでしょう。どうやって合唱練習をするのでしょう。生徒に、職員に、限界を超える負担を強いる学校経営に憤りを感じます。今回は緊急事態で異常事態なのだから、活動の成果もそれ相応に見積もらなければいけないはずなのに、「子どもたちのためだから」と本当にためになるのか検証もされていないモットーを振りかざすのはやめてほしい。例年通りの行事を経験しなければ子どもたちは不幸なのでしょうか。子どもにとって学校は長い人生の通過点でしかありません。その時その時の経験が一生の思い出になるのであり、「自分たちは修学旅行に行けなかった」も貴重な経験であって不幸な経験と即断するようなものではないと思います。学校というところはとかく思考停止に陥って、とにかく例年通りの行事をこなすことに汲々としています。なんのためにやるのか、そして何より投入できる資源はどれだけか、効果をどう評価するのか等々、真の意味での学校「経営」を考えてほしいと思いました。子どもたち、そして職員のために、人的・時間的資源は無尽蔵という妄想はやめ、また学校は子どもたちの生活の一部でしかないのですから、退くところは手を引き、家族や地域に委ねていく姿勢に転換すべきです。地域連携が意味あるとすれば、そういう方向であるのではないかと思います。(中)

・職員室近くの空き教室をパーティションなどで仕切って臨時保健室(コロナ感染症が疑われる児童を隔離する部屋)として使用しているが、保健室とも離れており職員が常時ついていることができない。一番近い職員室に事務職員のみのこともあり、容体が急変した場合の対応をどのようにするのかとても心配。(小)

・行動面で心配な子がいるので、窓からの落下防止のため窓開放幅を制限するストッパーを付けたいが、ビスで止めると窓拭き業者の作業に影響が出る。ベランダがない防音校舎の窓用に、大人だけが開錠できるロック方法がないものか。(小)

・学童の施設長の「学童は家族」という考えのもと、学童で過ごしているため、学校内での対応と学童での対応に差があり(マスクする・しない、距離をとる・とらない、同じものを共有する・しない等)、児童の指導に一貫性をもてなかった。しかも、担任発表前で、異動してきた教諭が誰なのかも紹介前なので、学校内での学童対応は児童にも戸惑いがあったようだ。(小)

・購入した物品で設置対策を行おうとするも、誰も動かず使用されていないことが多い。(中)

・トイレの改修工事が入り、水道が数カ所使えなくなってしまうため、6年生の教室を別棟に移動することになった。また臨時で水道を設けてもらったが、教室から遠い場所になってしまった。(小)

・校舎改築の工程会議が6月上旬までできず、学校からの意見や要望を言う公式の場がなかった。(小)

・校庭の水道に石鹸をぶら下げているが、カラスにつつかれる。(小)

・職員の親睦会(飲み会)も自粛でやっていないが、歓迎会とかなくて、イマイチ職場の一体感(?)が不足気味。(中)

・業務中マスクを外していると、急な保護者の訪問等で慌てることがある(マスクの有効性はどうか)。(中)

・県内感染者が極めて少なく、休校も短期間で済んだ。半面、危機感が薄く3密対策が徹底していないように映る。(小)

・現在、新規感染者がいない状況の中、どこまで感染対策を行うのか、過剰になりすぎている気もする。(中)

Q2 今後の検討課題となっていることがあれば教えてください。(自由記述)

3密回避対策の検討

・3密対策をどうしていくのか。(中)

・大規模校のため、空き教室もなく、クラス40人は可能な範囲で距離をあけて机を配置するには限界あり。(小)

・40人学級の3密の回避策。授業によってはクラスを分けて対応しているが、授業数や教師の数、教室数など、限界がある。(中)

・生徒を分散して授業ができるようにしたいが、ICT機器(プロジェクター等）が不足していて難しい。エアコンの設置も普通教室のみなので早急に特別教室（音楽室や美術室等）の設置を望んでいる。（中）

・教室のサイズが小さいので文科省のガイドラインをクリアできない。空き教室があるわけでもないので、義務標準法の改正により、根本的な解決が必要。当座はプレハブ設置費等の交付金が必要。（小）

・分散登校にしないと教室の密は防げない。（小）

・教室での、ぞうきん・水筒・食事中のマスク等の置き場所をどうするか。一カ所に置くとまた密になる可能性があるので、各児童の机に掛けるなどするしかないのか。（小）

・「新しい生活様式」に沿って生活すると、窓を少し開けながらエアコン（クーラー、ヒーター）を使用するため、これまで大切に育んできた、省エネや道徳的意識を一旦白紙に近い状態にしなくてはならない。葛藤が…。（小）

＊　＊　＊

・休み時間中の子どもたちに、ソーシャルディスタンスを維持させることが難しい。（中）

・子どもたちがどうしても密になってしまう。（小）

・給食中はお喋りをせず食べる決まりにしているが、なんとかお喋りをしてもいい状態にできないか。（中）

・スクールバスでの密対応。冬場は窓を開けて走れない。（小）

・子どもたちへの手洗い、消毒の徹底をどうするか。密にならずに手を洗うには蛇口の数が足りない。消毒薬も足りない。子どもが自分のハンカチやマスクをポケットに突っ込んでもいいのか等々。（小）

・蛇口の数が少ないので、歯磨き指導を中止している。（小）

・感染防止のための環境整備（市教委が求める衛生管理が、施設設備などの側面で不可能である。ソーシャルディスタンスを保つためには分散登校が必要になるが、授業時数確保のためには全員を同時に通学させるしかない。追加予算についての情報が下りてこないためパーティションなどの購入を検討できず、窓を開けるという防御方法しかない。隔離のための部屋すらない）。（中）

・児童生徒の机に飛沫防止でアクリル板のような仕切りを設置するか否か（透明度によっては子どもの視力低下が心配であり、購入予算の確保と使い方についても懸念事項が多数ある）。（小）

・修学旅行、体育大会、文化発表会等の開催の有無や開催するためには、どのような対策が必要なのか。（中）

・文化祭や合唱コンクールなど室内の全校行事は密を避けながらどのように実行するか。（中）

＊　＊　＊

・職員室の会議等における過密状態の解消。（小）

・職員室を分散させたときのプリンターの数の確保（ネットワーク構築も）。（中）

換気による問題

・教室等の換気の問題。※同様の回答2件（小2）

・エアコンと換気の兼ね合い（電気代の増加、開放しすぎるとエアコンが効かない等）。※同様の回答5件（小2・中3）

・梅雨時期や大雨時の換気。雨の降込みは防げるが音は防げない。（小）

・真夏に窓を開けて授業ができるか。（小）

・エアコンが整備されて初めての夏です。昨年度までの扇風機を使用していないので、逆に換気が心配。（小）

・教室では常時マスクを使用しているが、マスクをしていることで例年より体感温度が高く、エアコンをできるだけ活用する方針ではあるが、換気についてもアナウンスしていかないと、子どもたちはもちろん職員も忘れがちになる。（小）

・気温が上がり、エアコンを使用するようになったが、換気が必要なため窓を開けて運転している。職員に説明をしたが、窓を全開でエアコンを使用しているクラスがあり、エアコンの温度を低く設定しているため、電気代の高騰が心配。職員曰く、熱中症も心配だが、コロナ感染の心配が強いとのこと。（小）

・エアコンの使用と換気について理解がさまざまで、学校によって光熱水費の差が激しくなるのではと考えられる。また、担任によりエアコン1時間使用後・換気15分くらいの場合と、使用中窓を全開にして設定温度を低くしている場合があり、使用方法を伝達しても不安があるためか徹底できないので、予算が心配である。（小）

・エアコン稼働について、1カ所以上開けた状態での稼働となっているが、節約も考えながら稼働しなくてはいけないと思うとどのように職員に話し伝えたらよいのか悩む。（小）
・エアコン使用の際に換気も行っているが、デマンド値の上昇や電気使用量の増加が予想されるため、市町が補正等を行ってくれるかが不安。市町によっては、他の予算、たとえば消耗品費から光熱水費への流用を指示される可能性もある。（中）
・教室の換気を効率的に行えるようにサーキュレーターを準備したい。予算と教室の配線が間に合うか心配。（小）
・教室の換気で窓をあけているが、網戸がないので虫対策で置き型の殺虫剤を購入した。（小）
・冬の教室等の換気がどんなふうになるのか心配。（中）

コロナ対策用品の確保・情報収集

・保健衛生用品（アルコール等の消毒薬、ハンドソープ、手洗いせっけん、マスク、使い捨て手袋、消毒作業用のゴム手袋、非接触型体温計等）が手に入りにくい。※同様の回答6件（小3・中2・その他1）
・感染拡大傾向になるとすぐに品薄になるので、物品を確保できない。（小）
・今後に備えて、保健衛生用品をどの程度確保しておけばよいのか。※同様の回答6件（小4・中2）
・予算が付いたとして今後購入予定の物品（非接触型の体温計等）が品薄で、医療機関は優先購入できるようだが、学校はそうではないので、購入できなかった場合の対策などどうすればいいのか。（小）
・手指消毒のアルコールやマスクなど対策物資は学校予算からの学校契約による購入ではなく、市町村で一括購入してストックし、状況に応じて配布が望ましいのでは。（中）
・アルコール等は前回給食用アルコールをどこの学校でも注文し、注文の一時取りやめになった経緯もあるため、取りまとめて共同購入し、各学校へ配布といった対応をしてほしい。（小）
・次亜塩素酸水の取り扱いについて、国からしっかりしたアナウンスが出ていないこともあるが、教職員も知識が乏しいこともあり、活用が難しい。（小）
・コロナウイルス対策に有効な消耗品等の情報収集。（小）

教職員の負担増

・対物の消毒について。毎日のことで職員の負担になっているし、消毒はふき取っているが、物の傷みが心配。（小）
・消毒等による職員の負担増→どの状態になったら軽減されるのか等の指針もない。（小）
・職員の負担増（生徒への朝の検温、清掃、特別日課…と教員の負担は増えるばかりで、行事の何をやめるか等の検討が進まない。負担が増えるにつれ、すべての活動が「とりあえず形だけする」というものになってしまうように感じる）。（中）
・対物の消毒等の対応は、今年度だけでなく今後も継続されていく課題である。現在は職員も地域（保護者）も敏感になっているため現場が頑張ることで対応しきれているが、この対応ではいずれ限界（疲労度的にも予算的にも）が来る。地域ボランティアの活用や地域住民、PTAの協力を得るなど、教員は可能なかぎり消毒の実動部隊にならないようにする取り組みが必要。地域コーディネータとしての事務職員の働き方が期待できる場面かと思うので、任命権者にはそうした方向の研修や講演会等を開いてもらい、管理職の意識改革や事務職員の成長の一端としてほしい。予算も同様で、今年度にどれくらいの額が消毒関係に使われたのかを把握し、来年度以降、消毒関係の費目を新設したり必要な額を新たに予算計上する等を求めていきたい。（中）
・どの程度までコロナ対策を行えばよいのか。（中）
・次亜塩素酸ナトリウムでの消毒作業に手間と時間がかかる。（中）
・毎日の消毒＆清掃作業を職員が30分くらいやっているが、学校再開の中で負担が大きい。業者等に入ってもらえないか。（小）
・消毒やトイレ掃除などの作業を、職員で行うのではなく、業者に委託できないか。（小）
・学校や保育園の休校により休みを取る職員がいる一方、逆にその穴埋めを強いられる職員もいて、不公平感が残った。（小）

・教員の加配（2mを確保するには1クラス15人になってしまう）。（小）
・ヒトが足りないならPTAや地域…というのも安易すぎると考える。スクールサポートスタッフを雇い、消毒作業にも従事させる…、これでもどうなのか悩ましい。（中）
・現在のALTが7月までの勤務で、新しいALTが来ることになっている。日本への入国が難しい場合は、配属がいつになるかわからない状況である。（小）

給食費・校納金等の問題

・校内で感染者が出て急きょ休校となった場合、給食を止めることは困難であり、余った食材の対応に困る。また、断続的に休校になり給食が提供できなくなると、給食費を返金するかが問題になる。届いてしまった食材分は徴収しなければ支払いができないが、保護者から見れば給食を提供されていないのに徴収することについて不満がでるのではないか。（中）
・突発的に学校教育がストップした場合の校納金の取り扱いが検討課題だが、臨機応変に対応するしかないと思う。（小）
・校納金の執行について、今後の新型コロナウイルス感染状況により、執行不可の項目（修学旅行、テスト等）が生じてくる場合があるため、常に状況を把握し、適切な事務処理を行う必要がある。（小）

修学旅行等の再検討

・修学旅行について、保護者説明会が行われる予定だが、感染防止のための経費負担増の問題、感染リスクの問題、キャンセル料の問題があり、実施するためのハードルが高い。（中）
・今年度および次年度の修学旅行の開催時期・場所など。また、下見に関する予算措置について。（中）
・5月実施予定の修学旅行（広島方面）が11月に延期されたが、移動や宿泊等の衛生管理に問題はないか。（中）
・修学旅行が中止になった場合にキャンセル料を市のほうで負担してもらうなどの対策を講じてほしい。（小）
・修学旅行等の宿泊行事が延期となったが、今後の感染状況によっては実施できるかが不透明である。計画変更による費用の増加、中止となった場合のキャンセル料など保護者の負担も懸念される。引率教員の旅費事務についても、実施時期が年度末に近づくほど、旅費の執行計画が立てづらい。（中）
・社会見学等で町バスを利用していたが、3密の関係で乗車定員が変わり大幅な見直しを迫られた。5年の社会見学や6年の修学旅行は実施の方向で動いているが、保護者負担額が例年並みに済むか見通しが立っていない。（小）
・集団宿泊や修学旅行先で本校の生徒が感染した場合、施設や宿泊先が休業を強いられることに対する賠償責任などはどうすればいいのか。修学旅行の保険にはその部分は含まれておらず、賠償するのは誰なのか。（中）

就学援助ほか貧困家庭への対応

・昨年度まで申請のなかった家庭から就学援助の申請あり。コロナの影響で他にもこのような家庭があるのではないか。とてもデリケートな問題なので自己申告を待つほかないのだろうか。子どもの様子などから保護者の経済状況等をしっかりと把握し広報していく必要がある。※同様の回答4件（小4）
・就学援助金の支給が例年の7月から9月になったため、学期内に学校諸費を支払えない家庭が出てくるのではないか。また、業者への教材費の支払いが滞る可能性もある。（小）
・家庭でも支出は増えていることから、未納家庭へのアプローチは慎重に行う必要がある。（小）
・保護者の収入減少による学校徴収金未納の増加（その家庭をいかに早く見つけるか、就学援助の申請を進めたい）。（小）
・保護者負担軽減と、市費（配当予算）や校内各種会計の減額（休校中は、さまざまな学校徴収金の会費集金を見合わせ、教材等も精選に精選を重ねてはいるが、自治体からの配当予算が減り、集金等の会費を以て運営している各種会計も総額が減額となっており、今後の指導に十分な対応ができるか）。（中）

・就学援助費が前年度の収入のみでの認定であるため、今年度に困窮している家庭には対応できない。（小）
・就学援助は例年、前年の所得で認定が行われるが、現在の収入が減少している家庭の認定をする方策を考えてほしい。（小）
・就学援助に関して、家庭状況の変化をきめ細かく見極め、必要な家庭に行き届くように、担任にもお願いをしておく。（中）
・就学援助事務について、担当者だけでなく事務職員も業務を把握し、協働していく必要がある。（小中一貫）
・この度の外出自粛により経済的に苦しい家庭が出てくるのでは、と町の広報誌に就学援助のお知らせが掲載された。集金状況等を見て、事務職員からの声掛けも必要である。（小）

コロナ関連予算の確保と予算執行の問題

・コロナ対策関連の予算（アルコール等の消毒薬、マスク、使い捨て手袋、非接触型体温計等）の確保、追加予算の確保。※同様の回答14件（小11・中3）
・新型コロナウイルス対応のための保健衛生用品（消毒液、石鹸液、ペーパータオル等）を見積った結果、現状が続く場合、年間12万円程度の費用がかかることがわかった。特に今年度は有効で効率的な予算計画、執行が必要である。（小）
・今後、いざという時のためにアルコール消毒液、マスク等の確保が必要だが、学校予算での対応となるため今後の予算面での不安がある。（小）
・感染拡大防止のための物品を学校で購入する際は、「万一のために」と余分に購入する傾向がある。地教委のガイドラインでも学校で用意するべき基準を明確に定めてはいないこともあり、今後の負担が心配である。（小）
・衛生用品購入や感染予防に関する支出の計画が立てにくい。（小）
・消毒薬や掃除の際のゴム手袋、給食の際のおぼん拭き用のティッシュなど、衛生用品の消耗が激しい。学校予算やさまざまな資金援助を確認しながら予算執行をしていかなければならない。（中）
・消毒薬、予備のマスクなど保健衛生関係予算の確保をどうするか。現在は中止になったさまざまな行事の消耗品費や、年度末に不足した場合、休校した際の光熱水費などの予算流用でなんとかなりますが、大規模校は大変だと思います。（小）
・消毒薬等コロナ関連の予算をどうするか、いまだ指示なしで学校まかせ。校内予算でコロナ対策費として30万円計上している。授業再開で教材教具の掲示関連消耗品が顕著に増えた（掲示板、ホワイトボード、マグネット、コーナーポスト）。（中）
・消毒薬や液体せっけん等、保健衛生関係の確保で学校間格差が生じているようです。市で最低限の基準は示し、準備すべきと考えますが、政令市のような大きい市では、市教委での一括確保も難しいようです。（小）
・休校期間が長かったため、電気料、水道料等の予算が大幅に余る状況である（当市では光熱水費も学校配当されている）。しかし、コロナ対策予算が措置される予定でプラスマイナスでみるとどうなるのかわからないし、第2波の懸念もあり、予算の見通しがつかない。余る電気代、水道代を有効に使い、この際、備品費や環境整備等に流用できないかと思っている。（小）
・給食時にアルコールとティッシュを使っているが、アルコール5Lとティッシュ100箱が一週間でなくなった。お金がいくらあっても足りない。早く国からの予算を各学校におろしてほしい。（中）
・アルコールとあわせて、ペーパータオルやトイレ用洗剤など今までよりも多い使用となっている。予算の確保が必要であるが、市町村により補正や流用の制度が違うため、不安がある。（小）
・オゾン生成機能付き加湿器などを購入したいが高価なので、予算等をどのように確保していくか課題だと思います。（小）
・消毒関係用品、コピー用紙、封筒代により、予算が切迫している。ただ、予算が配当されても品物が欠品している物品が多いので、予算配当ではなく、物品を配当してほしい。（小）
・消毒液がかなり高値になっていて、購入時に不安になる。（その他）

＊　＊　＊

・休校中の自宅・保護者への連絡文書、課題作成のための紙代、インク代、マスター代、コピー代、プリンターのトナー代、電話代等が

かさんでいる。予算の確保、追加予算の確保はできるのか。※同様の回答10件（小7・中2・その他1）

・臨時休校が3月から始まったために、昨年度の予算では宿題等のマスター・インク・紙代等が収まり切れず、今年度の予算をすでに使用している状況だった。4月が臨時休校だったこともあり、前年度に対して大幅に支出が増えた上に配分予算が減らされたため、予算配分説明会の段階で「絶対足りません」と意見を言い、補正してもらうようお願いした。一方で各行事（運動会・文化祭など）が中止・縮減された場合の予算は流用できないといわれ、有効活用のために流用ないしは補正できないかお願いしている。（小）

＊　＊　＊

・第2次補正予算の学びの保障の1校あたり100万~300万円の支給について、外部から情報は入ってくるが、6月25日現在、市教委からは何の情報も無いので、通知がおりてきてから計画的な予算執行が行えるか不安です。（小）

・学校への資金援助が言われているが、本当に資金援助があるのか、あるならば何円なのか早めに知りたいです（ニュースで発表されて以来、先生方から資金援助があることを前提とした要望が数多くあがり、回答に窮しています）。（小）

・政府から各学校に100万円交付されるといった話が来ているが、明確にCOVID-19にかかるものでなければだめだと地教委から言われ、何回も要求書を出しなおしている。教室の換気対策として空気清浄機を要求したが駄目だったらしい。（小）

・市教委から、保健関係の消耗品費として予算がおりてきた（150万円くらい）。しかし、どんなものを購入して良いのかなどの詳細な連絡はまだない。また、保健関係以外（たとえば清掃用具、コピー用紙、トナーなど）にはその予算は使えなさそうなので、有効に予算活用するためにこれから考える必要がある。（小）

・新たに政府から学校への資金援助が決まった。何にいくら使うのか、学校事務職員の出番だと思うが、市区町村で整備や購入に対して対応の仕方が異なってくるのではないか。学校の意見を取り入れた方策をお願いしたい。（小）

・政府から学校への資金援助は自由に使わせていただきたい（コロナと関係ないものの購入など）。（小）

・2次補正が決定してから計画書を出すまでが短すぎて、十分に検討ができなかった。（中）

・学校保健特別対策事業費補助金の活用。（小）

・配当予算の有効的な使用。（小）

・追加予算のスムーズな執行（校内での調整、市教委との連携）。（小中一貫）

・予算について教育委員会との連携をはかりたいが、今はまだうまくいっているとはいえない。（中）

・年度初めに立てた年間指導計画や教材購入計画に変更が生じた場合に集金計画をどうするのか。（小）

・今年度は、ほとんどPTAの活動が行えない。その活動についての予算をどうしたらいいのかをPTA役員の方と相談しながら行っている。ご理解を得ながら、今年度在籍の児童のために予算を執行していいのかどうか。（小）

・学校再開等の支援の予算が、現場である学校にどの程度下りてくるのか不安。（小）

・今年度は蛍光管の製造中止に係る買い置きもしなければならず、コロナ対策とともに予算確保が心配。（小）

・このままでは感染症対策に校内予算を食われて、通常の教育に予算がまわらなくなる。（中）

・今後、コロナウイルス流行の第2波、第3波ときたときに何か備えておくことはあるのか。予算も不足にならないように計画的に支出を慎重にする必要がある。（小）

・今回の感染症対策にこれという対応がとれないので、あれもこれもと購入しなくてはならなくなる。（中）

オンライン環境の整備

・学校の情報機器の整備が追いついておらず、iPadやWi-Fiの設備もない中での新型コロナウイルスだったため、すでにiPadの配備が進んでいる熊本市とは教育に差があったように感じる。（中）

・再休校となった場合への備え(オンライン学習の環境整備等)。(小)

・第2波に備え、ICT環境を早急に整える必要がある。また、今後終息したとしても、将来の新たな感染症に備えて、リモート授業や教職員の在宅勤務を年に数回実施するなど、慣れておく必要があるのではないか。(中)

・現在はリモートなどICT関係を活用した対策ができていない。学区の状況から、子どもにとってどの環境が適しているのか分析するべき(詳しくは調べていないので…)。(小)

・今後全国的に感染症対策としてオンライン授業の検討やそれに伴うICTの導入があると予測されます。その対応のために事務職員または既存の情報担当教諭の仕事量が著しく増加する可能性がないでしょうか。また、情報(IT)関連の支援員は市町によってはいない場合があるため、情報関連の専属職員を各学校1名ないし、地区に1名確保できないでしょうか。(小)

・現状でリモート授業できる環境・設備が学校にない。他の市町においては、動画配信による授業を行ったところもあると聞いている。第2波が来た場合で休校となった場合、環境を原因として子どもの学力に差がでる。(中)

・オンライン授業を実施するまでに至らなかったため、今後状況が悪化した場合に動作できるのか不安(職員研修、各家庭のPC保有状況・ネット環境等)。(小)

・ICT機器(PC、タブレット端末等)がそろっていない、また職員も自分自身もそれらの知識が乏しいため、第2波がきてもしオンライン授業を始めるとなったらと思うと不安。学校予算ではどうにもならない。(中)

・再度、自粛要請が出て休校措置となった場合、オンラインでの授業実施も考えてはいるが、ICT環境が整っていない家庭をどうケアするか(タブレットは学校のものを貸し出せても、Wi-Fi環境の整備については、国・市町等、行政の支援がほしい)(中)

＊　＊　＊

・事務関係は持ち出せないものが多いうえに、メールで送ってはならない文書・資料も多い。また、町をまたいでのやりとりが多い(郡として事務連絡会等を開催している)ためネット整備方法が異なり、広い部屋に離れて座って会議をする方が早いし、楽という雰囲気がある。このため会議に関してはリモートやネット会議といった考え方は起きていない。(小)

・職員のテレワークの環境整備(ソフト・ハード面)。(小)

・最低限度のリモートワーク・リモート会議ができる環境を設定すること(同じ県域の市町村で違いがある。スカイプでリモート会議を行っている地域もあるとのこと。個人情報の管理についても地域共通での認識をし、必要な管理を行ってリモートワークに繋がるような形を考えられればこのような事態にも対応できる、と感じた)。(中)

・校務用PCにはカメラや音声の機能がなく、ギガスクール構想には事務職員のPCは含まれていないようなので、事務職員が会議をするときの整備(周辺機器を繋げばよいのでしょうが、本体に欲しいところです)。(中)

・学校現場(教員部分と市教委・県教委)のオンライン化、オンラインコミュニケーションの実現、活用が課題です。とにかく集まらなければ仕事にならない体制を変えなくては。職員会議も含め、業務連絡をオンライン化することで、どこにいても、いつでも意思疎通を取れるようにすると、教員の帰宅時間も確実に早められると思います。自分たち事務職員だけは、市教委が用意したネット環境をどんどん使って日常の業務連絡はオンライン化しました。勤務時間中はいつでも、画面を通して全体に連絡、全体に質問ができます。今回のことで事務研究会の総会はスカイプのミーティングで行いました。議事も迅速効率的に終わり、効果を実感しました。実際の出張会議とオンライン会議のいいところを合わせて活用していけたらと思います。その他、資料の共有も進められています。(中)

・対面せずに研修や会議ができる環境の整備が必要。Zoom等のオンライン環境の整備等。(小中一貫)

・県教委主催の新採研は、オンラインやリモートで実施してほしい。(小)

・今後の研修のあり方について、ウェブでの講習など、集まらなくても受講できるシステムの構築が必要ではないか。(中)

・Zoomを取り入れたリモート会議等の推進。そのための予算確保等が必要。（小）

・教職員自身のICTリテラシーを向上すること（あるいは拒絶反応の軽減）は、課題かと思います。ICTを嫌うことも価値観の一つなのでそれ自体も内包したような生態系であるべきかとは思いますが、子どもたちへICTを活かして社会を循環させることを教える大人として（あるいは子どもから逆に教えられることもあると思う）、我々自身が、ICTの活用（同時に、質の良いアナログの研究）に前向きになっていかないといけないと思う。（小）

＊　＊　＊

・各家庭のWi-Fi環境調査をし、未整備の家庭への対応を教育委員会にお願いしている。（小）

・家庭のネット環境の差をいかにフォローするか。（小）

・課題を学校のHPに載せたいが、プリンターがない家庭もあるので難しい。（小）

・遠隔授業など、保護者のハードが整わないのに、その人たちを置き去りにして進められている。（その他）

・オンライン学習は、普通学校を対象にしたものであり、特別支援学校は〝枠外〟なんだと感じる。障害のある子どもたちの学びの保障をどう行えばよかったのか、今後同様のことが発生した時に困るのではないかと思う。（養護学校）

在宅勤務について

・学校事務職員が、在宅勤務をしやすくするハード（パソコン・ネット）とソフト（市教委の規則や学校長のシステム作り）の環境の整備。教員についても同じ。※同様の回答5件（小4・中1）

・事務職員の在宅勤務のあり方。※同様の回答4件（小3・中1）

・事務職員の在宅勤務の在り方。紙でなくデータでの諸手当帳簿等の管理など（個人情報の取り扱い）。（中）

・今後第2波、第3波が来たときに自分の仕事をどのようにやっていくのか、リモートワークになった場合の文書の受付、データの管理などどうするのか。（小）

・状況悪化により在宅勤務を強いられた場合のセキュリティポリシーの改定及びシステム環境の整備が必要。（小）

・事務職員が在宅勤務をするなら、教育委員会とつながっているサイボウズ等のインフラを整備する必要がある。（中）

・現状では、事務職員が在宅勤務を行うことは難しい or 無理。※同様の回答3件（小2・中1）

・事務職員の在宅勤務について、各地区・各校の事務職員によって異なり、都庁のように組織的な統一対応ができないこと。（小）

共同実施のあり方

・事務職員同士が対面せずに行える共同実施や研修会のあり方（メール、リモート、オンライン会議など）。※同様の回答5件（小1・中4）

・事務センターでの感染防止対策。人数が多いのでセンターが開催されると密にならざるをえないため対策が必要。（小）

・今年度4月1日から共同実施が開始されたが、コロナの影響で一度も集まることができず、運営ができない。リモート会議の要望をあげ、現在検討中である。これによって学校を空けずに共同実施を行うことができるか。（小）

・共同実施（本市でいう「相互支援事業」）は、Zoomで行います。直接会って話せないので少々不安はあります。ただ、これが新しい時代だと思っています。（中）

学校行事や働き方の見直し

・学校行事の再検討（行事の精選とそれに伴う予算の検討）。すべてコロナ前に戻さなくてもいいのではないか。これを機に真剣に働き方を見直してほしい。※同様の回答2件（小1・中1）

・行事の大幅な見直し。修学旅行や校外活動の是非、職場体験等も縮小するか…。※同様の回答3件（小2・中1）

・運動会や文化祭の在り方についてコロナ対策も考えつつ、生徒への教育効果も考えるのに頭を悩ませている。今後の行事の持ち方についてはこれから考えていかなければいけないのではないかと思う。（中）

・体育大会が5月から9月に変更され、熱中症対策だけでなく、競技内容やテント数等も検討しなければならない。（中）
・運動会は全校での開催は見送りにし、学年別にするか、低中高の2学年ずつにするか、6年生の活躍の場をどう設けるか。（小）

保護者との関係

・休校中、週に2回程度、保護者と課題や文書の受渡しを行ったり、保護者宛一斉メールで連絡をしていたが、修正や訂正が頻繁に発生したり、情報量が多すぎるなど、一部の保護者が混乱したり、書いてあることなのに電話で問い合わせてきたりと、情報の共有が大変だった。（小）
・休校期間中の各家庭への電話連絡。電話機の台数は限られているので、学年ごとに時間を決めて行ったが、相手も仕事中なので、なかなか時間通りにはいかなかった。（小）
・PTA奉仕活動の自粛（？）により、従来学校がしてこなかった環境整備（草刈り、エアコン掃除、他）を今後は誰がするのか、どこの経費で実施するのか。（中）
・学校行事（体育祭、文化祭、参観日）への参加を制限することで、保護者の協力が得にくくなるのではないか。（中）

熱中症対策とコロナ対策の両立

・熱中症対策とコロナ対策（マスク着用や換気）の両立について。
※同様の回答2件（小1・中1）
・コロナ対策と並行して、夏期に実施される登下校や授業など学校生活での熱中症対策。（小）
・今年度、プールを使わないことと1学期が延長することが決定し、猛暑の中、体育の授業が行われることが予想され、熱中症対策のための環境整備。（小）
・エアコンのついていないランチルームや特別教室への対応をお願いしている。（小）
・熱中症予防対策。※同様の回答2件（小2）
・子どもたちの暑さ対策（マスク）と、職員の暑さ対策（マスクをはめたままの授業、体調不良）。（小）
・マスク着用はこれからの時期かなり暑いと思うし、熱中症のリスクも高くなる。暑さの感じ方や水分の取り方や量など、どれも個人差があると思うので、集団生活の中でどのような工夫をし、未然に防いでいくかが課題だと思う。（中）
・今後暑くなる中で、マスクやフェイスシールド（教員）をし続けるのが苦しい。（小）
・透明マスクを熱中症防止のためコロナ対策予算で購入し、職員・生徒へ配付した。使用するタイミングや保管方法など検討中。（中）

夏季休業の短縮による問題

・夏季休業が短縮され、授業時間確保のため8月にも給食の実施が予定されているが、配膳室にはクーラーがなく、食中毒等衛生面での心配がある（市教委が冷風機購入のための予算を検討？）。（中）
・通常の夏季休業中に授業があるため、児童生徒・教職員の健康管理に不安がある。（中）
・夏休みの期間も課業日となり、熱中症の心配を感じる。教室はエアコンがあるが、体育の授業でグラウンドや体育館を使用する場合や登下校時の暑さ対策が急務となる。（中）
・休校に伴い夏季休業中が授業日になり、空調のない教室での授業での熱中症対策。（中）
・普通教室にはエアコンがあるが、特別教室には設置されていないため、夏の授業が不安（夏休みが短くなったため）。（中）
・夏休みが短くなり（8月1日～16日）、土曜授業も増え、消毒作業など業務も増えており、児童や職員が体調をくずさないか心配。（小）
・通常の夏季休業中にも授業があるため、特別休暇（夏季）を取得しづらい。（中）
・夏休みが短くなり課業日が増えたことで、冷房をつける日数が増えるので電気代が心配である。（小）

学校の避難所としての役割の再検討

・避難所の役割を担う学校で、いかに密を避けた整備・準備ができるか。（小）
・複合災害への備えが必要。検温等で通常以上に人手が必要。また、3密を避けるため、体育館だけでなく校舎も開放する可能性もあるが、避難者が広範囲にわたることで、対応する人手が足りなくなる。また、避難が長期にわたると教育活動再開が遅れることも懸念される。（中）
・今後大地震等の災害が起きた場合、避難所である学校の体制。3密を避けるための対策等を事前に職員で打ち合わせしておく必要がある。（中）

学校で感染者が出た場合を想定した視点が必要

・感染者が出た場合の危機管理マニュアル作成。（小）
・感染拡大防止に全力をあげることも必要であるが、「ウィズコロナ」の視点も大事だと思う。県内の中学校で生徒が感染し、休業措置をとることになり、校舎の消毒作業が入った。このニュースを自宅で聞いた当該生徒の気持ちを考えると辛すぎる。このことは当該生徒以外でもいつ起こるかわからない不安である。学校の安全配慮義務への視点が課題に思える。（中）
・もし職員が感染した場合で、感染経路が不明な場合の公務災害の判断はどのようにすればよいのか。（中）
・校内で新型コロナウイルス感染者が出て学校が休校となった場合、時期によっては給与システムへの入力ができなくなる恐れがあるのではないか。（中）

子どもたちのメンタルケア等

・児童生徒の体調把握だけでなく、家族の体調把握をどうしていくか。（小）
・子どもと保護者のメンタルケア（学校だけでは厳しい）。（小）
・ガラス破損が異常に多発している。休校に伴う子どもの精神衛生上の影響との関連について調査する必要がある。（小）

その他

・保護者負担の軽減を継続的に進められるような体制づくり。子どもの居場所としての図書館の充実や、子どもが自己を表現・解放できる技能教科について備品の充実、また、子どもが教師に相談できる場所を複数個所確保する。（中）
・何もかも予算がない中で、アイデアと工夫によった対応をしなくてはならない。単独財源のとぼしい自治体は国の補助金を得られない。裕福な自治体とはそもそも異なった対策を練る必要がある。（小）
・柔軟な対応が求められるなかで、初任者として対応できるか不安。（小）
・授業日数等の調整。（小）
・市教委が休校等の緊急連絡について、学校と保護者が契約している「安心メール」を使うよう指示してきたが、市教委がこのシステムを連絡手段として前提にするのであれば、市が業者と契約すべきではないか。人のものに安易に乗っかるこの体質が、働き方改革が絵に描いた餅となる元凶ではないか。（小）
・コロナウイルス対策と子どもの教育活動のバランス（コロナ対策のため、本来やらなくてよいことをやらなくてはいけないことと、本来やるべきことをやらせることができないこと。たとえば、ゴミ捨て〈感染物の疑いがあるもの、ティッシュやマスク等〉や、掃除〈トイレ等〉等）。コロナウイルスの状況や社会的状況の変化を踏まえ、いつから、いつまで、これから先もずっと？　どの程度等の取り組みの対応。（小）
・学校で感染を拡大させないためには水際対策が重要だと考えられるが、非接触型体温計は表面温度しか測定できないのであまり意味がないといわれ始めている。現在、深部体温が重要なことが判明してきたので、登校前の体温測定の徹底が必要である。しかし、どうしても生徒、そして教職員までも意識の低下が否めない。この意識の高揚をどうしていくかが課題である。（中）
・給食や授業でいくら呼びかけても児童生徒自身が考え行動しなけれ

ば全く意味がない。児童生徒に考えてもらうために、新しい学校様式を目に見えるハード面での工夫は何ができるだろうか。（小）

・児童会活動や縦割り活動などで、6年生のリーダーシップが育まれる最初の期間（昨年度3月〜）が奪われてしまっている。（小）

・同じ地域の学校間での共通ルールの設定（感染防止のための消毒等衛生面に関するルールからはじまり、授業時数や試験内容日程の設定など教育課程に関わるあり方まで、市内での学校判断の側面が大きすぎるように感じている。同じ地域であるにもかかわらず、隣の学校と日課表が違う、試験の仕方が違う、違いがあることに教育の平等が損なわれるのでは…とうっすら感じた。校長の権限があることを前提とし判断の元となる市内の共通ルールを持つという事もある意味大切なのでは、と感じた）。（中）

・市のほうから新型コロナ対策のための設備調査があり報告したが、何も実施される見込がない（連絡等も一切なし）。調査だけ行う等の余計な仕事が増えたように思う。（中）

・会議は中止になっているが、各種調査類は例年どおり来ている。教育課程や教育活動がこの状態で監査対応等ができるのか心配である。（小）

・コロナ禍の影響で児童の転出入が少しずつ起き始めている。学級費の精算など担任と詰める必要がある。（小）

・県や市町村単位の大会等の実施予定が出ておらず、校内行事の実施時期を早めに決めておくことができません。（中）

・会議や研修のあり方、持ち方。教員は研修が保証されているが事務職員にはない。（小）

・（地区事務研）集まれる状況であれば研修会を開催したいが、そうでない状況になっても、研修会の中止や延期、規模の縮小などに柔軟に対応できる地区事務研の体制づくり。（中）

・事務職員間のコミュニケーションのあり方。（小）

・中止になった分の研修の内容をどうやって補うのか。自分で勉強あるのみですが…。（小）

・市や県の研修会、研究大会等の開催判断が難しい。（その他）

・今年度、地区の研究会が中止となったので、他市町の事務職員と対面で交流できないこと。（小）

・郡市単位の地区研究大会の開催が未定であり、研究発表に向けてのレポートや発表準備計画が立てられない。（中）

・研究団体における研究活動を集まることなくどう進めるか。ウェブ会議システム等を活用したいが、市のサーバ容量の関係上利用することが難しい状況がある。（小）

・運動会における児童のマスク対応（管理、扱い、どこまでつけさせるのか）。（小）

・施設開放を現在休止しているが、いつから再開になるのか。再開した場合の消毒等の方法。（小）

・PTA総会の開催について。（小）

・休校中の運営委員会で、校長が「運営委員会にいる人は、学校が再開するイメージを持って、再開するために必要なこと、再開したときのプランを考えなければならない」と話していたことが記憶に残っている。運営メンバーとして、目前の状況を処理するだけでなく、先を見通した対応・対策を考えることの大切さを知った。コロナ禍のみならず、今後の職務遂行上の課題としたい。（中）

・在宅勤務や場所を分散しての会議、消毒作業等により、職員室から人がいなくなる場面が多くなった。そのような中、窓や扉、鍵が開いたままのことがあり、無用心さが感じられることがあった。（中）

・地域とのふれあいを、新しい生活の中でどのようにして実施していくか。（小）

・市の予算も厳しい状況となっており、いよいよ職員の給与減もあるだろう…。（小）

・ウイルスに対してのアルコールの有効性が示されているが、アレルギーのある児童もいるため、手洗いの徹底のみでどこまで感染が予防できるのか心配。（小）

・秋からトイレ改修工事が入る予定。全部仮設トイレになり使える水道も限られるので、手洗いやトイレの使い方を検討中。（小）

・本校の地域は全くコロナ患者がいないので緩やかな対応だが、ほかの学校がどの程度対策をしているのか情報が欲しい。（小）

Q3 貴校独自に工夫していることがあれば教えてください。（自由記述）

登校時の消毒・検温等

・児童玄関に「消毒液」「マスク」を常備。（小）
・児童が登校する際に、玄関口で一人ひとりに消毒液を手にかける。（小）
・毎朝、児童玄関前での手指消毒。（小）
・アルコール消毒液による手洗いは手荒れの恐れありということで、給食前という希望が学年主任から企画委員会で出たが、外部からの持ち込み遮断が第一と事務職員が反対し、登校時となった。（小）
・生徒の登校時、給食前等にマスク着用、アルコール消毒を養護教諭が放送で呼びかけ、生徒や職員への周知を行った。（中）
・生徒の登校時の指導の際に、併せて体調確認を取り入れた。家庭での体温測定ができていない生徒に対しては、非接触型体温計を手首付近に近づけて体温測定を行っている。（中）
・登校時、昇降口前で迅速に体温チェック表を確認できるように、ランドセルの横に検温表をぶらさげられるよう工夫をした（紛失の可能性もあるため、表は出席番号のみの記載としている）。（小）
・靴箱の近くに手指消毒液を置き、外から帰ってきたら消毒をするよう声掛けをしている。（小）
・生徒登校時、昇降口に入る前に健康観察を行っている。（中）
・学校再開からは、非接触型体温計での計測や次亜を含んだタオルでのふき取り。（中）
・体温チェックは、毎朝玄関で養護教諭が行っている。（小）
・登校時に玄関に職員（校長、教務主任、養護教諭、特別支援担任）が立ち、アルコール消毒を実施。学校再開後ひと月が経過したところで、高学年玄関は児童自身が消毒を行うこととし、低学年玄関のみ養護教諭が対応。（小）
・学校再開後2週間くらいは、職員が朝の登校指導と付き添って集団下校を行っていた。（小）
・登校した児童から校舎外（校門～下足箱の間）に並んで列を作り、健康観察カードのチェックを行っている。列は1メートルごとに白線を引き児童が密にならないようにしている。（小）
・市教委からの支給前に非接触型体温計を複数個準備し、登校前に検温を怠った生徒へ、玄関での検温を実施している。（中）
・朝の検温。忘れた生徒のため非接触型体温計を準備した。（中）
・体温検査の場所を設けて、体温を測ってこなかった児童がその場所に来やすいように（靴箱から）道順を示した。（小）
・担任に体温計、アルコール、モーリスを配布。登校後、教室で健康チェックカードを回収し、検温ができていない児童の検温をする。（小）
・健康観察カードにて体温チェックの記入（各自宅で）。（小）
・毎日の検温（健康カードへの記載）について、家庭で測り忘れた児童に対して、教室外（廊下）で担任が確認作業をしている。その際に「密」を避けるため、電子体温計（非接触型）を購入して活用している。（小）
・検温を忘れた生徒に対しては、非接触型体温計により朝学活前に副担任が必ず検温をする。（中）
・健康観察カードを作成し、教職員、生徒共に毎日朝晩の検温の記録をつけている。（中）
・児童、教職員が体調や毎日朝晩の体温を記入する「健康観察カード」を活用。（小）
・非接触型体温計を一台購入した。（小）
・職員室の出勤簿の横に、非接触型体温計を設置し、毎日検温してから出勤印を押印している（人もいる…）。（中）

給食時

・給食は密にならないように3部屋に分かれて食べている（通常2部屋）。（中）
・給食は間隔を空け、おしゃべりは一切なし。スペースに限りがあるため、学年によっては廊下で壁に向かって給食を食べている。（中）
・給食は個人の机で食べることとし、班の形に机を移動させないこととなった。（中）
・給食は簡便なワントレイにして、個包装のパン、ジャム、ゼリー、

惣菜等をできるだけ活用する。（小）
・給食は品数を減らし、配膳時にはフェイスシールドとポリエチレン手袋を着用。食器を下げるときも手袋をする。（中）
・給食時の配膳はセルフ方式にし、給食室で児童が密にならないように、おぼん・食器・食缶をワゴンに乗せて、担任ほかで配送して回っている。（小）
・給食の配膳は、教員が行っている。（小）
・給食が再開した6月中はPTAが配膳に協力をしてくれた（低学年を中心に）。（小）
・給食時の配膳方法等の工夫（動線の指定・時間をずらすなど）。（中）
・給食前の机や配膳台の消毒に大量の雑巾を使用するが、毎日、洗濯機→乾燥機にかけて、清潔なものを使っている。（中）
・無言給食中に養護教諭による保健室放送（熱中症対策の基本や手洗いの重要性など）。他校では音楽を流したり、手話による簡単な会話を児童に教えたりするようだ。（小）
・歯磨きを一斉に行わない（交代制）。（小）
・これまで給食後の歯磨きは一斉に行っていたが、手洗い場が密になるので、食べ終わった者から順次行うように指導。（小）
・これまで職員室の席で給食を食べていたが、向き合って食事をしないよう現在は事務センターで食べている。（中）

パーティション、フェイスシールド等の活用

・市全体で個人用のパーティションが配布されたほか、英語や音楽などの授業用に簡易なフェイスシールドも配布された。（中）
・村より教室用として、個人ごとのデスクシールドが支給された。付け外しが簡便で軽く、使わないときは机の横に下げることができます。（中）
・児童の机に設置できる飛沫防止シートを購入予定。できれば取り外し可能で、移動教室の際に持ち運べるようにできないか検討している。（小）
・通級指導教室や日本語指導教室など口の形や発音等を学ぶことが多い教室には、技術職員の手作りアクリルボードを設置。（小）
・「ことば」のクラスは対面での指導になるため、早々に大きな透明パーティションを作成して設置。（小）
・特別教室の対面になる席にはパーティションを設置。（中）
・特別教室は対面のパーティションを作成してもらった。（小）
・特別教室に用務員からパーティションを設置しましたが、理科室は一人一台の実験等には不向きなため、液体の泡石鹸と机ごとにアルコール消毒綿と捨てるボックスを設置しました。（小）
・アクリルのパーティションは高いので、安価なPET製を購入して会議室などに置いている。（小）

＊　＊　＊

・教卓に透明のパネルを設置した。（小）
・対話をする授業ができないため、教員がマスクで1日中話す疲労感と最前列の生徒の不安感解消のため、教卓前に黒板の幅のシールドをお手製で設置しました。材料は、在宅勤務の中で市中のホームセンターを回り確保しました。（小）
・フェイスシールド等を活用している。※同様の回答2件（小1・中1）
・担任はフェイスシールドをして授業を実施。表情などがみえて良いとの意見あり。今後は児童分の購入も考えている。（その他）
・顔の下半分を覆うタイプのフェイスシールドの購入。マスクだと口元が見えないため。あと、暑さ対策。（その他）
・全職員に「フェイスシールド」を配付。（小）
・教員のフェイスシールド、職員室では対面する机の間にフィルムを張っている。（小）
・職員は授業を行うときはフェイスシールドをなるべくつける。（中）
・フェイスシールドは、試しに使用した教員（支援学級）から一日中だと頭が痛くなるとの報告があったため、代わりにスライドバーファイル（透明PP）のスライドバーを外して代用させて授業で発表が行えるようにしました。（小）
・生徒用にフェイスシールドを購入した。（中）
・フェイスシールドを活用することで、リコーダーの授業が可能になった。（小）

＊　＊　＊

・透明マスクを全職員・生徒へ配付した。（中）
・児童の口元が目視できることと、息苦しさの軽減のために、手話通訳の方が使用されている透明のマスクをPTAに購入してもらい、全児童に配布。（小）
・児童及び職員の透明マスクの利用。（小）
・英語の授業などは特にだが、他の教科においても教員の口元が見えた方が良いので、校内予算の中で口元の見えるマスクを購入し全教員に配付した。（中）
・職員に透明マスク配布（子どもたちへは未配布）。（小）
・マスクだと表情がわかりにくい。特に新1年生は不安に思うし、たとえば国語の授業で「あいうえお」の口の形を見せられない。英語の授業も同様。教員が授業中酸欠になり、廊下で深呼吸していたこともある。透明マスクは地元で手に入らなかったため、個人的に購入して分けた。今は教材業者でも取り扱っているので、授業用として公費で教員1人1枚分用意した。（小）

＊　＊　＊

・職員室は飛沫防止のためビニールシートと園芸用の支柱でパーティションを設置した。（小）
・職員室で向かいあう席の間にパーティションを設置。ラッピング用の0.04ミリの透明シートを使用した。（小）
・職員室や事務室の机の両サイドと前面にパネルを設置し感染予防を行っている。（中）
・臨時休校中に、フェイスシールドや飛沫防止ガード、布マスク等を作成した。（小）
・職員室での来校者対応、生徒対応用にビニールで仕切りを作って対応している。（中）
・保護者や子どもとの面談用に、公費で透明板を購入してパーティションを手作りした。（小）
・図書室のカウンターや事務室の窓口に、ビニールでカーテンを作った。（小）
・自作で受付用シールドの試作品を作成し、必要性が高まった場合にいつでも量産（先生たちで手分けして作る）できるようにしてある（材料及び設計とかかる費用を明らかにした）。（小）
・受付のカウンターに、飛沫防止の透明なシートを設置。宅配便の荷物が受け取れるように、裾に紐をつけて、マグネットで固定。必要な時に、シートを上げることができる。（中）

マスクの手作り

・マスク忘れの児童のため、休校中に職員で手作りマスクを作製した。（小）
・マスクの準備ができない生徒のために、養護教諭が在宅勤務の際にマスクの作成を行った。（中）
・生徒のマスク忘れに対応するため、キッチンペーパーとストッキングで手作りマスクを作成した。（中）
・学校を再開できない期間に、本校の調理師がマスクを全校児童、教職員分手作りしてくれた。（小）
・臨時休校中に、フェイスシールドや飛沫防止ガード、布マスク等を作成した。（小）
・臨時休業中にフェイスマスクを手作りし、各学級の感染防止セットに加えた。（小）

3密回避、ソーシャルディスタンスの確保

・傘さし登校を推奨。ほかにも、つばの広い帽子なども推奨。（小）
・登校時に3密を避けるため、スクールバスの増便をお願いし、いち早く対応いただいた。（小）
・スクールバスが導入されており、その乗車率は全体の8割を超えています。臨時休校期間中の登校日の頃から、窓を開ける・なるべく間隔を空けて座る・心配なときは保護者送迎を検討するなどの指導をしていましたし、教員が各バスに乗って指導を行っていました。学校再開後は各バスに乗車する最上級生の数名をバスリーダーとし、教員が行っていたような指導を生徒に行わせています。（中）
・以前は1カ所の校門で出入りをしていたが、裏門を開け、分散登校を促している。（中）

・児童玄関を3カ所に分け、児童が集中しないようにした。玄関から教室、教室から体育館やランチルームの移動の動線を学年ごとに分けて、重ならないようにしている。（小）
・昇降口の時間差使用。授業間休みは、放送で呼びかけ、偶数クラス・奇数クラスで時間差をつけて外に出るよう指示をしている。下校時は、クラス内で3分割して時間差下校を実施している。（小）
・各学年、生徒玄関から教室までのルートを固定し（実は崩れ始めてはいますが…(^^;)）異学年が交わらないようにする。（中）
・大雨豪雨における児童引き渡し訓練を行った時、保護者へ各教室に迎えに来てもらうのではなく、ドライブスルー方式を採用した。児童玄関にて、職員が保護者の車に乗せて引き渡すようにしたことで、他の保護者と接することなく実施できたので感染予防にもつながったと思われる。（小）
・児童がグラウンドに出る場合、下足箱に集中しないようベランダのタイルに間隔を空けて下足を置く。そのために、学校職員が念入りにベランダを清掃し、校舎内に入る際に使用するマットも度々洗濯している。また、５００人のズックが混乱しないよう、氏名入りの洗濯バサミで目印をつけている。（小）

＊　＊　＊

・特殊な校舎の構造を活用し、教室周囲のエリアへ机を広げることにより、グループ活動においてもソーシャルディスタンシングに努めている。（中）
・指導の際に、距離をとることができるように、電子黒板のマウスを無線に交換。（小）
・40人のクラスは、授業によっては人数を分け、少数で実施している。（中）
・少人数のクラスなのでソーシャルディスタンスを取りやすく、机の間隔を徹底した。（小）
・教室内や廊下にソーシャルディスタンスの掲示。（小）
・荷物を取りに行くときの混雑を避けるため、教室に技術職員さん手作りの児童荷物用の棚を新たに作製した。（小）
・プール授業は以前は４クラス同時に行っていたが、現在は最大２クラスに限定。（小）
・音楽の授業を体育館で行う。（小）
・音楽の授業は生徒の間隔を広く保つため、音楽室ではなく多目的ホールで実施している。（中）

＊　＊　＊

・全校集会等は体育館を窓・扉全開で行っている。体育館は休み時間の使用を禁止している。（小）
・昼休みに廊下が密になることから、体育館を歓談スペースとして開放した。（中）
・体育館で行っていた行事を可能なものは運動場で行い、3密を避けるよう努力している。（中）
・あえて児童集会をグラウンド（間隔をあけて整列）で実施。新しい学校様式を児童に体感させた。（小）
・全校集会や生徒会主催の集会などは、全クラスに配置されている電子黒板と校内放送を併用することで3密を避け、かつ有意義な会となった。（中）
・休校中は、登校日の分散登校、ホームページでの学年別動画配信。（中）
・全校朝会を、Zoomを使って実施。教室の児童の様子も見えて非常に良かった。※同様の回答2件（その他2）
・集会は校内放送で行う。※同様の回答3件（小1・中2）

＊　＊　＊

・校内のいたるところにソーシャルディスタンスを保つため足形を貼っている（貼りっぱなしなので衛生面が心配）。（小）
・健康診断等で列を作る際は床に目印をし、ソーシャルディスタンスを保つようにした。※同様の回答2件（小1・中1）
・トイレ前に足跡マークを設置し、間隔をあけて並ぶようにした。トイレスリッパも間引いた。（小）
・ソーシャルディスタンスの距離を目で見てわかるような掲示を養護教諭が行っている。（小）
・ソーシャルディスタンスの啓発で、各所に小型の立て看板を設置して距離を取るよう促している。（中）

・図書室の座席を少なくし、密にならないよう工夫している。（小）
・図書館は利用学年を制限し、密集状態にならないようにした。（小）
・図書室の利用はなるべく授業時間にクラス単位で行うこととしている。（小）
・図書室の利用を停止。図書貸出ができないため、各教室に図書を並べ子どもたちが本に触れる機会を設けるため、予算を調整して移動式本棚（ブックトラック）を数台購入した。（小中一貫）
・部活前の運動部の着替えが密にならないよう、部活ごとに教室を割り当てたり、外にテントを張ったりして対応している。（中）

＊　＊　＊

・欠席連絡は、今までの連絡帳を近所の児童に渡してもらう方法ではなく、メール連絡を推進中。（小）
・家庭訪問は中止、授業参観も今のところ行っていない。今後、状況を見て3密対策を考えた授業参観を行う予定。（小）
・休校期間中の課題やお知らせ配布は、学年ごとに来校日・時間（預かり時間終了後15～17時半）を設定し、担任が対応。家庭訪問は実施しなかった。学校によっては、家庭訪問を実施したり、校区巡りをしたりという話を聞いている。（小）
・授業参観を3日間に分散して行った。（小）
・今年度は土曜授業参観を行わず、平日に行う予定。（小）
・学校教育説明会は書面で行った。（小）
・運動会は中止。学芸会も中止し、授業参観日とした。（小）
・体育大会は午前中のみの開催予定。（中）
・無観客の運動会の映像を競技ごとに撮影した。事情があり複製等できないため、参観日に体育館各所にパソコンとプロジェクターを6台設置し、それぞれの競技ごとに繰り返し上映しておき、保護者が見られるようにした。町のケーブルテレビにも撮影を依頼し、編集したものを放映してもらった。（小）

＊　＊　＊

・密を避けるため空き教室を第2職員室として使うことで、職員室機能を分散させた。（小）
・職員室でできるだけ「密」にならないようにフリーアドレスも活用している。（小）
・Zoomを使った職員会議。（中）
・職員会議を別室ではなく職員室で行っている。（小）
・職員会議を短時間で終えるよう協議・報告事項を精選し、必要に応じてグループウェアの回覧板機能等を活用。（小）
・授業時間確保のため朝にモジュールを取り入れた。そのため週に2回あった朝の職員集合をなくし、週に1回放課後に職員集合を行い、必要な事務連絡を行うようにした。（小）
・県事務職員研究協議会の研究部では対面の担当者会ができないため、Zoomで行いました（勤務時間に行うことが難しく、土曜に行いました。時間外になってしまいますが…）。（小）

換気等

・授業の終わりには授業者が必ず窓を開け、換気を行う。（中）
・教室をオープンにして、エアコンをかけ、全館冷房を行い、一部窓を開けて循環させている。（その他）
・各教室にクーラーが設置してあるので、窓を開けたまま冷房している。（小）
・雨でも窓を全開にし、換気する。（小）
・町教委が全教室に加湿器を整備している。また、教室の空気を循環させるためにサーキュレーターも整備予定。（中）

熱中症対策

・傘さし登校を推奨。ほかにも、つばの広い帽子なども推奨。（小）
・授業中にマスクを外して給水タイムを設けている。（小）
・割安なコード状のミストを設置した。（小）
・教室に壁付け扇風機を取り付けた（エアコンなし）。（小）
・エアコンをつけたまま窓を開けて換気するため、冷房効率が上がるよう扇風機を購入し、各教室に追加で設置。（中）
・新型コロナウイルス及び熱中症対策のために、各教室に温度・湿度計を設置し、危機管理体制（設備）を強化した。（小）

校内の消毒・掃除

・各教室にキッチンハイター、バケツ、ペーパータオル、使い捨てゴム手袋を配布し、放課後に教職員で消毒を行っている。（小）
・消毒し忘れがないか確認するために消毒確認表を作った。（小）
・放課後、部活動中に副顧問で教室の消毒作業を実施し「消毒済み」の札を掛ける。部活動終了後、主顧問中心に、部活動で使用した場所を消毒するなど、分担して消毒の負担を分散した。また、職員室にホワイトボードと校舎配置図を準備し、消毒が完了した部屋にマグネットを置き、消毒済み箇所が一目でわかるようにした。（中）
・特別教室等の消毒に関しては、「使用しました」「使用していません」プレートを作成し、「使用しました」の場合は消毒終了後「使用していません」にプレート表示を替え、消毒漏れを防ぐ工夫をしている。（小）
・1週間効果がある消毒液を使用して教職員の負担軽減を行っている。（小）
・普段よりインフルエンザ対策で消毒薬の定期購入をしていたので、アルコール不足で困ることはなかった。共有パソコンや生徒用タブレットは、特に消毒に気をつかった。（中）
・放課後の消毒（主に扉、蛇口等多数触れる場所）。（小）
・放課後、各教室の消毒作業（特によく触れるドアノブなど）。（小）
・児童下校後には養護教諭を中心にアルコール除菌を行っている。（小）
・養護教諭の提案・指導のもと、児童が下校した後に教室の消毒を実施している。（小）
・毎日、児童が帰った後に水道の蛇口、電灯のスイッチ、階段の手すり、トイレのレバーやドアノブ等を消毒。（小）
・一日に一回は手すりや扉の取手、窓のカギ部分等の消毒を行っています。（小）
・毎日生徒が自分の机・イスを消毒、理科室等の特別教室は教員が毎時間消毒、ドアノブ等は養護教諭と教頭が消毒。（中）
・生徒が帰った後、職員や地域の方の協力で一斉に机、お盆等を消毒している。（小）
・学校用務員によるドアや蛇口の消毒。（中）
・校舎内の消毒作業を、企画部（事務部）7人でローテーションを組んで実施している。（中）
・遊具の消毒。（小）
・部活動が開始され、用具用の消毒薬を各部に配りましたが、手洗いが簡単で一番効果的なので、外の手洗い場を増設し、液体せっけんを部活時間には置くようにしました。（小）
・児童用トイレへのアルコール自動噴霧器の設置。（小）
・トイレの水洗をレバーハンドルに交換した。（小）
・トイレ掃除を職員で輪番を組んで担当している。（小）
・トイレ掃除は児童が行っているが、使い捨ての手袋を使用している。（小）
・教室、トイレ掃除はクイックルワイパーを使う。（中）
・トイレの清掃用洗剤を変更した。（小）
・トイレを利用する際のスリッパ履き替えをやめた。（小）
・トイレにはスリッパを置き、上履きで入らない。（中）

＊　＊　＊

・清掃時間に各教室ドアの手で触る部分の消毒を生徒が行っている。（その他）
・清掃の仕方で、子どもによる拭き掃除ができず、掃除時間も10分に短縮になっているため、クイックルワイパー業務用を各クラスに配付し対応している（1本3000円ちょっとするので小規模校の本校でも予算的に厳しかったです）。（小）
・児童にも「自分の身を守る感染予防の一環」としてウエットシートを教室に配置し、個人所有のフェイスシールド（町からの寄贈）を自分で拭き取るよう指導している。（小）
・掃除道具に番号を振り、使用する児童を決めた。（小）
・掃除の配置場所や方法を変更し、感染のリスクが少なくなるようにした。（中）
・児童による清掃は学校再開後2週間は中止し、職員が行った。児童の清掃活動再開後は、清掃場所を限定している。（小）

ごみの処理

・ごみを処理する際には、ポリエチレン手袋もしくは小型ポリ袋を手にはめて処理する（直接ごみ袋に触れない）。（中）
・ごみを各自家庭に持ち帰り、学校に捨てない。（中）

手洗いの励行等

・手洗いの推進。（小）
・手洗いを徹底するために手洗いタイムを設けた（休校解除後2週間の間のみ）。（中）
・子どもは一日に何度も手を洗うことになるので、小さなハンカチではすぐに濡れてしまって使い物にならない。そこで教室に移動式のラックを用意し、1台に5人分の洗濯ばさみを取り付け、タオル掛けとした。バーに名前が書いてあるので、担任は毎日持って帰るよう指導もできる。隣同士のタオルが触れ合わないよう間隔を取っている。（小）
・手洗い場の石鹸の増設。（その他）
・蛇口を手の平で触らなくてもいいように、レバーハンドルに交換。（小）

ペーパータオル、ペーパー雑巾の活用

・ペーパータオルの使用を増やした（予算が保つかが課題）。（小）
・手洗い場などについて、昨年までは手拭き用のタオルを設置していたが、今年度はペーパータオルを設置している。（中）
・ハンカチ忘れの生徒のため、キッチンペーパーを用意。（中）
・ハンカチは、汗拭き用と手洗い用の2枚を児童に持たせるように家庭へお願いしている。（小）
・感染を100％完全に予防することはほぼ不可能であり、またそれらの対策を行う教職員の負担も同時に考えなければならない。そのため、なるべく効率のよい方法をとるように心掛けている。たとえば児童の清掃活動では、床の雑巾がけをやめて代わりにフローリングワイパーで掃除するように変更した（濡れシートを毎日使っていると予算が尽きるため週に2回）。（小）

予算の確保、衛生用品等の確保

・衛生用品の予算化。（中）
・コロナ関連の消耗品費が増えることが予測されるので、予算委員会で予備費を増やした。（小）
・コロナ対応で必要な施設、消耗品（透明マスク、消毒液、非接触体温計、手袋等だけでなく）、備品（カメラ、扇風機、ミストなど）等、教職員からの希望や意見を取り入れながら共同実施で検討し、教育委員会に要望し、実現していっている。（小）
・感染予防のための物品購入により、年度当初に分掌に配分した予算から大幅に執行内容に変更が生じたため、例年より前倒しで補正予算を提案し、より効果的に予算を執行できるよう調整している。（小中一貫）
・今後の予測が全くつかないため、通常よりも消耗品費を多く確保した（予備費として計上）。（小）
・予算の見通しが立たないので、予算委員会を2回実施することとした。前期終わり頃に実施予定。（小）
・予算委員会は集まらず、資料を配布し、「ご意見箱」に意見を投函してもらう形式とした。予算資料にじっくりと目を通すことができたようで、かえって好評だった。（養護学校）
・予算委員会では、教科を中心に本当に必要なものに限り請求してもらった。事前に教科主任・管理職・事務職員の三者で協議し、その物品がないと本当に授業ができないのか、代替物はないのか等を検証した。また、ある程度弾力を持たせて、年末前後に予算に余裕があるようなら、2回目・3回目の予算委員会を開く予定。行事委員会や給食委員会など例年ならあまり参加しない会議にも積極的に出て、消毒関係や行事等の縮小による物品購入を伴う提案等に対し、予算面から意見を挟ませてもらった。（中）

＊　＊　＊

・学年教材の予算の組み替えは必要になったが、とてもいい教材を見つけ素早く対応（発注・購入）ができたため、分散登校時に配付す

ることができ、大量のプリント作成など職員の負担にならず、紙・インクの大量消費につながらずにすんだ。（小）

・業者から、アルコールジェルを大量購入することで格安になるという提案があり、隣校と折半して購入した。（中）

・2月下旬にアルコール消毒液、手洗泡石鹸を大量に確保した。非接触型体温計も発注したが既に品切れ。（小）

・昨年度までは「この時期はこのような消耗品が必要だろう」という予測がつき、購入計画が立てられたが、今年度は例年の経験が役に立たないので、担任と細かく情報交換を行って購入するようにした。（小）

・養護教諭とかなりの頻度で打ち合わせをしている。感染対策でお金のかかる話ばかりです。（中）

・感染拡大時の品薄や物流停滞を予想し、養護教諭と相談しながら早めに必要物品を揃えた（体温計、ハンドソープ、消毒液、エステル手袋、ビニール袋、課題配付用ＰＰＣ用紙、保護者連絡用カラー用紙等）。（小）

・トイレ掃除用に使い捨ての手袋を購入した。（中）

・「新しい生活様式」の実践のみで、特別なことはしていない。ただ、第2波、第3波に備えて、ネットで液体せっけんやアルコールの販売状況を確認し、継続して購入・備蓄している。（中）

・品薄の液体石けんの代用品としてボディソープを購入。成分をみる限り、洗浄力もあるのではないかという養護教諭談。（中）

・大規模校のため相当量の確保が必要である手指消毒用のアルコールと道具消毒用の次亜塩素酸や次亜塩素酸水。カミガード（界面活性剤）などを用途に応じて準備することで供給不足である薬剤を不足することなく準備することができています。（小）

・国からのコロナ対策用の予算は、予算計画まで1週間しかなかったが、運営委員会で部長に情報公開（職員全体には暮会で）し、コロナ対応のための予算計画をざっとあげてもらい、管理職と事務担当とで全体のバランスをみながら予算調整をした。

このことから以下の成果が得られた。

①学校のために、国や市は考えて動いてくれているという教職員の理解（気持ちの向上）。

②部長を中心とした部会等で予算を考えることで、今後の見通し、現在の状況、問題点の見直し等を考える良い機会となった。

③②と同じく、予算の情報を集約することで、学校全体の困っている事、必要な事が集約（見える化）された。

④この機会により、学校の動きの見直しができた（実際に行動を変えることになった）。

⑤（これから）管理職のリーダーシップにより決まった予算の報告を以下の通り考えている。

コロナ予算により執行するもの／コロナ予算以外で執行するもの／この度見送られたもの

この報告により、学校の方向性により重点を置いてやるもの、継続的にやるもの、やらないと決めたものを理由とともに報告することで、今後の方向性、見通しを職員で共有する（通った、通らなかった、買ってもらった、買ってもらえなかった、を視点にされると、予算の在り方の意味がない。なぜ通ったのか、なぜ通らなかったのかを、現状をもとに「こうなっていきたい」行動指標があり、それに基づいた結果であり、その先の学校内での行動だということが論点だと理解してほしい）。

上記は、予算を見直すということの価値づけであり、全体がそのように意識してやっているということではない。少なくとも事務はそのような認識で計画し、事を運んだ。全体的に見て①〜④について、事実そうであったと実感はある。これらは、事前に価値づけをもう少し全面にだしてやったらよかったが、あまりに時間がなさすぎて（1週間ない）、それをすると先生たちに負担感を強いることになることもあり、できるだけライトに行ったこともある。⑤はこれからである。しかし、⑤はとても大事なポイントであるため、予算担当者とともに実施していきたい。（小）

・市からコロナ関係の消耗品代をもらっている。消毒薬等を心置きなく買えたのは非常にありがたかった。（小）

・地域に消毒液を分けてくれる業者がおり、助かっている。（小）

ネット上のツールを活用

・Googleフォームを活用し、休業中から生徒の様子を把握したり、保護者の不安を寄せてもらい、再開までの準備を行った。（中）

・分散出勤の際に市内で導入されているTeams（ネット上の掲示板）を職員で共有し、情報交換や伝達をスムーズに行うことができた。また、携帯電話からも見られるようにして共有を図った。（小）

・事務グループが率先してオンライン会議を行うことで手本を示し、校長会、教頭会、養護部会など設定を行った。（小）

・動画配信・オンライン教室を事務職員が主体的に企画運営した。

・他校ではすでに使用しているところも多数あったが、メール配信システムを新しいものに変えた。コールセンターもあり、学校で登録でない方法（ＱＲでの読み込み）なので、校内の仕事の負担軽減にもつながり、施設開放の団体も使用できることになったため、紙ベースではない配信についても保護者の理解が得られた。（小）

・メールのシステムを活用し連絡を行ったため、紙・インクの大量消費につながらずにすんだ。（小）

コロナ対策の普及啓発活動

・「みんなで安心してすごすために」というパワーポイントを作成し、分散登校時に全クラスで活用した。内容は「コロナウイルスってこんな病気だよ。お医者さんや看護師さん、スーパーの人、警察官、みんなチームでたたかっているよ。世界中でもみんなでたたかっているよ。わたしたちにできること（手洗い、うがい、マスク）をしっかりしようね。たたかっている人たちを応援する気持ちを持とうね。学校でも安心して過ごせるようにしようね」といったもの。（小）

・ソーシャルディスタンスを「優しい距離」（お互いを思いやる距離）と解釈し、校内にポスター掲示。（小）

・生徒が集まる場所にポスター等を貼り、3密の回避、ソーシャルディスタンス保持など注意を呼びかけた。（中）

・児童の意識調査の実施。3密が避けられているか、ハンカチを忘れずに持ってこられているか等。（小）

・手洗い・換気の徹底のため、放送で呼びかけを実施している（朝・授業間休みは、放送委員が放送。放送委員が原稿を考え、児童へ呼びかけている。）（小）

ＰＴＡ・保護者への対応

・ＰＴＡ総会は書面決議を行った。※同様の回答9件（小5、中4）

・ＰＴＡ総会はメールの投票で決議をした。（小）

・ＰＴＡ総会は、生徒便で書類を配付して書面とメールで承認を行った。（その他）

・ＰＴＡ、学校徴収金予算案等、紙面での承認を行いました。（小）

・各種総会（ＰＴＡ、後援会、地区ＰＴＡ）は書面決議を得るよう様式を作成した。会費の集金を現金で行っていたものもあったので口座振込に変更した。（小）

・保護者面談は、希望があればＺｏｏｍで行えるよう準備中である。（小）

・入学式が延期となったため新1年生の家庭調査票は郵送で回収（電話による保護者との連絡手段を確保するため）。（中）

・保護者への連絡は学校再開のお知らせや日課を掲載した重要なお知らせが多かったが、「ＨＰのどこを見たらよいかわからない」という問い合わせや「子どもに配布された手紙を紛失してしまった」等の連絡が寄せられた。そこで学校連絡メールでお知らせする際、メールにＨＰ該当リンクを添付することにした。（中）

・学校行事の中止を受け、さまざまな会計の集金額を減額（または今年度のみ会費なし）した。（小）

共同実施

・共同実施は、市教委内の掲示板で随時情報交換している。臨時休業になった際も初めての事態で考えられることを載せ、経験の少ない事務職員の気づきを助けた。新年度は仕事情報のほか、感染対策や新採用者の頑張りも紹介している。（小）

・共同実施に関してはネット上に掲示板を作成し、協議することや経験の浅い事務職員には仕事上で困っていること等を随時書き込んで

もらった。（小）

・共同実施では共有ファイルを作成し、可能な限り対面での指導を避けるように努めている。（中）

・共同実施については、町の学校間共有フォルダや1日2便の町内文書便を活用できるため、参集しなくてもある程度はやり取りができるようになっている。（小）

・共同実施（本市でいう相互支援事業）はZoomで行います。（中）

・共同実施は月2回行っている。密にならないように分散して座り、窓を開けて換気を行う。（中）

・共同実施では事務室での業務は行わず、会議室等の広い部屋で常に換気を行い密にならない状態で業務を行っている。（中）

・共同実施の一時休止。（中）

・グループ別共同実施協議会（中学校2校、小学校6校）は、中学校区ごとの校長会へ事務職員代表2名が出向いて協議する形に変えた。（小）

・休校中、事務センターに集まる回数を減らした。（中）

・共同実施で手に入らないで困っている消耗品の情報共有をした。（中）

就学援助の申請

・コロナ関係で、生活困窮世帯に就学援助申請が追加できるよう教育委員会に要望し、認められた。（小）

・援助制度については、今回の感染症による収入減に対応する救済措置を行うと聞いている。（中）

その他

・ネット授業を開始した。（中）

・校内で行う初任者研修を動画を視聴する形にした。（養護学校）

・教材費の消耗品費が加配されたことを利用して、印刷可能な問題集を購入・印刷し、いつでも利用できるよう常備することになった。やさしい問題集なので、自主学習がうまくできない生徒の振り返り教材として、教室に行けない生徒が自分のペースで学べる教材として、休校になった時、個別に自分の弱点に取り組める教材として利用する等、さまざまな利用ができると想定している。オンライン学習に備える一方で、インターネットの環境が整っていなかったり、プリンターがなかったりという家庭にも心を配りたい。（中）

・生徒の精神面でのサポートを強化するため、しばらくの間スクールカウンセラーに週4日程勤務していただいた。（中）

・音楽の授業で、鍵盤ハーモニカの使用も制限され、歌唱も難しいため、楽器（カスタネット、タンバリン、すず、ウッドブロックなど）中心の授業を進めるため、学年ごとに購入した。（小）

・来客玄関スリッパを、手を使わないで履けるようにいくつか並べている。（小）

・アルコール消毒液ポンプスタンドについて、本校の用務員が足踏みスタンドを自作し、図書室、来校者用玄関等で活用している。製作費用はほぼ原材料費のみと格安である。今後は町内用務員会での製作を検討中であり、各学校へのアルコール消毒液足踏みスタンド設置に取り組む予定である。（小）

・体調不良児童が複数名出たときのため、衝立やソファーを使って廊下の空きスペースに休憩所を設置した。（小）

・本年度、プール指導を行わないことが早々に決まったので、管理に手間のかからない薬剤でほおりっぱなしにできるよう県と市、教育委員会との方針を決めていった。（小）

・毎年いわゆる夏休みに実施している備品照合を、今年は夏休みが短く、またその間に「山の日」や学校閉庁日もあるため2学期末まで期間を区切って実施することになった（勤務校では校舎の建て替えが迫っており、他校では中止したところもあるように耳にするが、その選択肢はとれなかった）。（中）

・全国の情報など、知り得た情報をいち早く教育委員会へも届けることを心がけることで、今後の具体的な対応策を検討する際、常に教育委員会から意見を求められるようになっている。（小）

・あらためて学校教育目標の共有を図り、「子どもファースト」であることを職員全員で共有した。（授業実数のことだけに目がいくのではなく、子どもの体調や心情をよく見ていくことに繋がった）。（小）

・「未来の公教育研究委員会」という久喜市教育委員会の組織を今年度からスタートする。これは「G Suite for Education」を活かして、校務の仕組みの改善／新たな価値創出を目的とした組織となる（15名ほどのメンバーで、事務職員が半数、教務主任が半数、教頭が少々）。同時に「（久喜市版）未来の教室研究委員会」というものもスタートし、こちらは「G Suite for Education」を活かしたより直接的な教育について研究する組織。また、「（久喜市版）未来の教室研究委員会」でのいい実践を共有や循環させていくための仕組みのようなものも、「未来の公教育研究委員会」で作っていく。未来の教室より、未来の公教育のほうが、より広く校務の基盤の仕組みを担っているようなイメージ。（小）
・コロナの影響で使用予定がなくなった教材等の消耗品があるかもしれないので、購入手続き前に職員へもう一度確認をし、購入手続きを行っている。（中）
・必要なものを必要な量だけ買うように心がけている。（小）
・危機管理の意味を込めてマスクの備蓄をしていた。緊急事態宣言中マスクがない職員に使用してもらった。（小）
・飛沫飛散防止のため、歯磨きを中止している。（小）
・手洗い場の修繕（補修申請）を真っ先に依頼した。（小）
・職員、生徒はマスクを着用している。（中）
・班活動等ができなくなったため、実験用具等を買いそろえた。（小）
・市教委の指導の下、手洗い、うがい、教室等の換気、給食の食事の仕方など細心の注意を払って学校生活を送らせている。（中）
・県内感染者が少ないため、行政にも危機感がない。プール授業も3密対策をとりつつ通常通り実施した。したがって、特に工夫を要することはなかった。（小）

Q4 他校ではどのような対策を講じているのか、気になることがあったら教えてください。（自由記述）

消毒や掃除

・消毒の方法について。どの種類の消毒液を使って、何で拭いているのか。（中）
・使用している消毒液の種類や使用方法を知りたい。（小）
・校内の消毒、どのような方法で、誰が、どこまで行っているのか。※同様の回答3件（小3）
・消毒作業は、生徒下校後に行う場合、中学校だとかなり遅い時間帯からの実施とならないか。（中）
・次亜塩素酸水の使用、保管方法はどのようにしているのか。（その他）
・消毒をどこまでやっているのか、範囲や頻度、誰がやるか（PTAの協力も含めて）、そもそも消毒に意味があるのか。しっかり手洗いをすればよいのではないか。（小）
・文部科学省の「学校における新型コロナウイルス感染症に関する衛生管理マニュアル」によると、こまめな手洗いが推奨されている。本校はそれにならい、手指消毒液は設置していない。手指消毒液は依然として購入しにくい状況であるが、日常的に設置している学校がどのような目的でどこに設置しているか教えてほしい。（小）

＊　＊　＊

・フェイスシールドの除菌は誰がいつ行っているのか。アルコールや次亜塩素酸ナトリウム溶液などの危険物を子どもに扱わせるのは難しいが、担任も教室等の消毒があるので厳しい。プラスチックは消毒により傷つき劣化もしそうだが…。（小）
・飛沫防止のパーティションやビニールカーテンを導入した場合は、消毒はどのように行っているか。（小）
・フェイスシールドやパーティションなど、さまざまな対策用品があるが、それらの用品の消毒やメンテナンスはどのようにしているのか。（小）
・給食時の工夫が気になります。次亜を含んだ台ふきを使用したり、今まで重ねていた牛乳パックは各自でゴミ袋に入れたりしています

が、それだけでは不安です。（中）
・アルコールアレルギーの児童への対応。（小）
・本市では教員が1日1回、机やドアノブ、掃除用具等の消毒を行っています。7月から全校にスクールサポートスタッフが配置になりトイレ掃除からは解放されましたが、どこまで消毒を行わなければならないかが正直わかりません。本校は、消毒薬（手指用と用具用）を全教室に設置し、消毒をお願いしています。（小）

＊　＊　＊

・トイレ清掃のやり方。今は職員がトイレ清掃、消毒を行っているが、今後は児童が清掃することになるので、清掃用具の選定、その場合の予算をどうするか。（小）
・トイレ掃除で業者が入るようにしている自治体はあるか。（小）
・乾式トイレの利用時に、消毒マットなどを用意しているか。（小）
・子どもたちは簡単清掃を行っているので、職員が放課後、清掃、消毒を行っているが、時間も限られるなか、どこまで消毒をすればよいのか基準がわからない。例：消毒薬で拭いた後、水拭きするのか、便器の内側まで消毒するのか。（小）
・保護者や来客の際にどの程度手指の消毒等を徹底しているか。（養護学校）
・遊具の消毒のタイミング。（小）
・教室の机や椅子等を除菌するためのタオル等と、普段の掃除で使用する雑巾等の置き場所の区分け等で実践していることがあったら教えてほしい（雑巾掛けは結構高価で、約30クラスある本校では全教室に新たに設置する対応は厳しい。本校では統一的な対応が難しかったため、各学年・クラス対応でお願いしている。たとえば教室の後方にヒモを張って干したり、洗濯物干しを利用したり、雑巾掛けを上下に分けて使用したりしている）。（中）

3密対策、ソーシャルディスタンスの確保

・ソーシャルディスタンスをどのように確保しているか。※同様の回答4件（小2・中2）
・ソーシャルディスタンスの確保。40人クラスでの対応。（小）
・1クラス40人近い生徒がいる学校でソーシャルディスタンスをどのように確保しているか（トイレ、歯磨きなど）。（中）
・大規模校ではどのように対応しているのか（ソーシャルディスタンスの確保、消毒の範囲、教室での工夫など）。（小）
・全児童に常にソーシャルディスタンスを保つようさせるのは不可能だと思われるが、どのような対策を行っているか。（小）
・休み時間に子どもたちがくっついて遊ぶのは仕方ないのか。（小）
・ソーシャルディスタンスや基本的な授業の形など、市町村教委から具体的な形として指針などが出ているのか(国や県を踏襲するのか、独自の形を出しているのか)。（小）
・密を避けるために行っていること（児童・生徒・教職員）。※同様の回答2件（小1・中1）
・ソーシャルディスタンシングを行いながらの、主体的・対話的な学びの工夫。（中）
・授業での話し合いやペア学習はどうしているのか。（小）
・グループ学習を多くしたい教科があるが、グループ学習を取り入れている学校はどんな対策を取っているのか。（中）
・禁止している活動はあるか（合唱、マット運動、対面式音読等）。本校は児童会役員選挙立ち合い演説会は実施予定です。（小）
・運動会の種目（ソーシャルディスタンスを保っての競技はなかなか考えられない）。（中）
・体育館での対応。（その他）
・体育の時のマスク保管について（移動時はマスクをつけるが、体育しているときはどうしているか）。（小）
・35人学級の音楽の授業で歌を歌わせる場合どうするか。歌わせている学校の取り組み（環境、対策）を聞きたい。（小）
・児童の水筒・ぞうきん等をどこに保管しているか。食事中のマスクはどうしているか（一カ所に集めると密になる。現在は各自の机に掛けている）。（小）
・授業参観などで保護者が来校し、密になる行事等はどのような対策をしているのか。（小）
・臨時休校中の課題の配布方法について（また今後休校になった場合

の課題配布方法について)。(小)

・欠席連絡等、アプリを活用している学校はあるでしょうか。わが子が通う保育園ではアプリで欠席連絡、園からは、お知らせ・献立・成長記録が発信されていてなかなか便利です。小・中学校で使用率の高いアプリがどれか、興味があります。(小)
・職員室のソーシャルディスタンス。(小)
・職員の数が多いこともあり、職員室、事務室は密ですが、他校はマスク以外に何か対策はしているか。(小)
・職員会議等、職員室に多くの職員が集まらざるを得ない場合、どのようにしているか(別室でリモート?)。(小)

フェイスシールド、パーティション等の活用

・教室で飛沫防止のパーティションを使用しているか。具体的にどのような仕様のものを使っているか。(小)
・フェイスシールドやパーティションなど使用しているのか。(中)
・フェイスシールドは使っているか? どのような場合に? 常時使用?(小)
・フェイスシールドを活用して便利な点、不便な点。(小)
・マウスシールドを使用している学校があれば、効果をお聞きしたい。(小)
・3密を避けるため、対話的な授業ができない。フェイスシールドやパーティションを設置するなどの案が出たが、その都度消毒をする手間やコスト等を考え、結局、講義形式の授業となっている。何か良い対策がないか。(中)
・教室内での飛沫防止の措置を行っているか(生徒全員のマスクシールド、フェイスシールド等)。(中)
・外国語活動や通級指導(ことば)等、口の使い方の確認が必要な授業ではフェイスシールドやパーティションを使用しているが、飛沫は防げていないように感じる。どのような活動を行っているのか。(小)
・大阪市では児童生徒全員にフェイスシールドを配布したと聞いているが、マスクで十分、むしろフェイスシールドによる弊害があるとも耳にする。他にフェイスシールドを児童生徒に配布している自治体はあるのか。(中)
・教員の授業時の対応はどうしているか(フェイスシールド、マスクその他)。経費はどこまで公費で賄えるか。(中)
・教員がフェイスシールドをしたり、飛沫防止のパーティションを設けたり、給食を簡易にしたり、本校ではそこまで行っていないが、果たしてどこまでやる必要があるのか。(小)

換気

・教室のエアコン使用時の換気について、どのように行っているか。
※同様の回答3件(中3)
・エアコンを使用しながら効率よく換気するためにどうしているか(窓をどのように開けているか、サーキュレーター等をどのように使っているか)。(中)
・全熱交換機がない場合のエアコン運転時の換気の方法。(小)
・これから暑くなる季節の換気はどのようにしていくのか。空調が入ったので利用しているが、同時に換気と熱中症対策と両方が必要で、どちらを優先させるか、手探りでやっている。(小)
・どの程度換気しているのか。エアコンをつけている場合は、常にどこかの窓を開け換気しているのか、それとも定期的に窓を開け換気する程度なのか。(中)
・今後の夏場や冬場の空調機使用について、同市町村内で共通の使用規定などを定めているところはあるのでしょうか。学校によっては窓を何カ所も開けた状態で使用していたり、気温が高くない日にも使用しているケースがあるようです。児童生徒の健康を守ることが最優先とはいえ、予算を有効活用できない状況に危機感を覚えます。(中)
・本校ではエアコンをつけながら、窓を全開にして扇風機を回している。これから蚊などの害虫に悩まされることになるが、他のところではどのように対策をしているのか。(中)
・換気の仕方。一日に何度行っているか、常に行っているか等。(小)
・教室に換気扇、サーキュレーター、扇風機等が設置してあるか。(中)

コロナ関連消耗品・備品

・アルコール等の消毒薬やマスクは手に入っているのか。※同様の回答2件（小2）
・消毒等の購入量が増えるが、どのようにして予算確保しながらやりくりしているのか。（中）
・感染症対策関連用品を購入し、今年度予算内に収まる見通しは立っているか。また、予算のやりくりの対策があれば教えてほしい。（小）
・さまざまな対策への予算の活用例。（小）
・どんな物品を揃えているか（同じ市内学校でも揃えている物品が異なっていたため）。（中）
・対策用として具体的にどのような物品を購入しているか（1000人超の大規模校で）。（小）
・非接触型体温計が確保できず、体温計測の負担が大きいがどうしているか。（小）
・フェイスシールドを導入した場合の負担はどこか。公費か私費か。また、個人管理か学校（担任）管理か。（小）
・感染防止のための安くて便利のいい品物があれば教えて欲しい。ウエットティッシュなど。（小）
・水道の蛇口をすべてレバーに変更した？（小）

子どもたちの体調管理

・毎日提出される「健康チェックカード」の活用方法含め、毎日の児童の体調確認の方法（毎日、全校児童分をチェックしているが、担当者からは負担が大きいとの声もあるため、効率的な方法があれば…）。（小）
・健康観察カードを忘れた子どもは、保健室隣りの部屋で養護教諭が対応しているが、月曜日は多数の対応に追われている。サーモをどのタイミングで使用すればよいか（特別補助金で非接触型体温計を購入予定ですが、それでよいのか）。（小）
・子どもたちの登校時の発熱や体調の確認をどこでどのように行っているか。（小）
・非接触型体温計はどのように使用しているのか。各自家で体温を測るよう言われているが、それとは別に学校でも検温をしているのか。また、その時間の確保はどうなのか。（小）

オンライン授業等

・オンライン学習のありかたについて。（小）
・オンライン授業や動画配信などを行った学校はあるか（その場合、家庭のインターネット環境はどのようだったのか）。（小）
・オンライン学習に向けた教員のスキルや環境整備など、どのような対策や準備をしているか。（中）
・ネットを使用した授業などで、その準備や周辺機器の対応などで事務職員として関わった事例があったら教えてほしい（個人的に事務職員がネットワークに明るかったので手伝いました等の事例はあまり参考にならないかもしれません）。（中）
・HPやオンライン授業を活用する際の児童情報保護。（小）

学校行事等の縮小・中止・延期等

・学校行事の行い方で例年とは違う部分が多いと思うが、児童生徒が活動に満足できるような取り組み方法はあるか。（中）
・行事（運動会等）の開催時期、内容はどうするか。（小）
・文化祭や合唱コンクールなど室内の全校行事の際はどのような感染対策を行っているか。（中）
・近隣市町の修学旅行が市内統一で県内に決定されたが、生徒や保護者から反対はなかったのか。開催時期が重なることで県内の観光場所の予約が難しくならないか。他県で県内の修学旅行に制限している県や市町はあるか。（中）
・修学旅行の実施と方法。決定時期。キャンセル料や企画料金について。（中）
・修学旅行等でのコロナ対策はどんなことをしていますか。バスは密になるので、どういった工夫を考えているのか。（小）
・修学旅行のときの感染予防対策はどのようにしたか。フェイスシールドを準備したか。（中）
・校外学習における対策。（小）

保護者への連絡等

・支援の必要な家庭や外国籍の家庭へはどのように連絡していたか（市教委からの文書にルビや翻訳はあったか）。（小）

・保護者に対する教育課程や行事の延期や中止について、説明会や機会をどのように設けているのか。また理解をどのような形で求めているのか。（小）

・保護者への共有や取り組みがあれば知りたいです。（小）

・臨時休校中の保護者対応について。（小）

・児童生徒の家族の体調把握はどのようにしているのか。（小）

・保護者対応（心理面）。（小）

校内で感染者が出た場合の対応

・実際に児童・生徒に感染者が出た場合に向けた対策でどのような物品を準備しているのか。（中）

・コロナウイルスについて、児童または教職員が発症したときの具体的な対策（○日の休校措置など）は出ているのか。また、市町村教委からの指示となるのか、学校（長）判断となるのか。（小）

・臨時保健室（コロナ感染症が疑われる児童を隔離する部屋：職員室近くの空き教室を使用）をパーティションなどで仕切って使用しているが、保健室とも離れており職員が常時ついていることができない。一番近い職員室に事務職員のみのこともあり、容体が急変した場合などとても心配。また、お迎えにいらした保護者の方の気持ちも心配。（小）

その他

・誰でも風邪ぐらい引くと思いますが、咳が出て迷惑かけるのでと欠席する生徒もいて、個別の学力保障が心配。自分も熱や咳が出るような体調不良に陥ったら何日も休まなければならないのかという不安もある。（中）

・コロナへの不安で、登校を拒否した家庭があったのかどうか気になる（その場合どのように対応したのか）。（小）

・他県・他国からの転入生が来た際、コロナによる差別を心配し、転出元を公表しないことがあった。実際にコロナが発生した場合は公表せざるを得ないと思うが、その際の家庭や子どもが抱く不安や、いじめへの対応はどのようにしているのか。（中）

・子どもたちを窮屈に感じさせない工夫をしていたら教えてほしい。（中）

・事故欠の児童への対応。（小）

・聴覚障がいのある児童・生徒・職員とのコミュニケーションの手段。（支援室）

・刻々と変わっていくコロナによる社会状況やコロナへの取り組みについて、学校の行動を変える指標の基本は何か、その情報は職員間でどのように共有しているか、教育委員会から山ほど送られてくる情報や通知の共有、問題点はどのように拾い、共有し、行動に反映しているかを知りたい。また、そのことによって感じておられる課題意識も知りたいです（例：指標は文部科学省からの「学校における新型コロナウイルス感染症に関する衛生管理マニュアル」等）。（小）

・各地区での対策の「全校統一対応」の程度（すべての学校で授業中フェイスシールドをしている、というようなこと）。（小）

・コロナ対策により学校運営が例年よりかなり変わってきていると思うが、学校の中で管理職や教職員とどのように関わり、教育活動と予算との連動をどのように行っているか。（小中一貫）

・厚生労働省からの事務連絡で、コロナ休校に伴う要保護児童生徒の給食費の減額は行う必要がないとあるが、この連絡に基づき生活保護費、就学援助費の減額措置を取っていない市町村がどのくらいあるのだろうか。（小）

・子どもたちはマスクを着けてはいるが、ゴムが伸び切っていたり、布が縮んで小さくなっていたり、息苦しくて顎にずらしていたりする姿をよく見かける。予防生活が長くなり気が緩んできたなか、どうやって意識づけしていったらよいか。（小）

・夏場のマスク利用。大人もクラクラしそうです。換気で空調もあまり効かないので、真夏が心配です。（中）

・授業者のマスクの負担。（その他）

・本市では各校に1つずつサーモグラフィが設置されることが早々に決まった。他の自治体で同様に導入されたところがあれば、運用の実態や効用、問題点等について伺いたい。（中）
・これまで職員室で給食を食べていた職員は、現在どのように食事をしているか。（中）
・コロナに関する特休などの取得状況が気になる。（中）
・マスクを忘れた児童生徒にはどうしているのか。（小）
・授業内容について。（小）
・分散登校では、校門で非接触型検温、手指のアルコール消毒をして教室へ。現在では、各教室の前にアルコール除菌剤。休憩中のソーシャルディスタンスは難しいと感じた。（中）
・使用していないプール施設の管理をどのようにしているか。（小）
・より多くの対策等の情報を知りたい。（中）
・養護教諭がラインで情報交換を行っているので、他校の状況はそれで教えてもらっています。（中）
・各校で対策を取っていると思うが、どこまで準備をすればよいのか。（中）

Q5 コロナ禍によって、あらためて気づかされたことはありますか？（自由記述）

働き方の見直しができた

・働き方改革の観点で、短縮できる行事や減らすことができる活動がもっとあるとわかった。※同様の回答2件（中2）
・教育活動を選別すること（何を行い、何を行わないか判断すること）の大切さに気付かされた。（中）
・働き方改革をあらためて考えることになりました。行事の精選や授業の在り方などを考えることができた。しかし、学校職員の業務とは、ここまでの事態にならなければ、改善がされないのだと感じました。（小）
・〝意識〟を変えて、これまでよりさらに「働き方改革」に踏み出すきっかけになったかもしれない（在宅勤務、会議・研修会の中止、リモート会議などをやってみたことで、本当に必要なこと・時間をかけるべきことの精選などなど）。（中）
・教員は働き過ぎだと思う。臨時休校中、定時に帰宅できることで教職員の気持ちの余裕が出ていたように感じた。（小）
・学校勤務を始める前から教職員の仕事量などによる負担の大きさが社会的な問題とされているのは知っていたが、コロナ渦によりさらに負担の大きさをあらためて感じた。（小）
・休校期間は教職員が残業をあまりせず、帰ることができていた。普段の放課後の時間でしていた業務を本来授業している時間帯で行うことでやっとまかなっていたため、普段の業務内容はとても負荷がかかっているものだと思った。（小）
・在宅勤務期間があったためか、例年に比べて職員の交通事故が少なかったと聞いている。自分も含めて、もっと余裕のある働き方をしなければならないと感じた。（中）
・さまざまな行事が中止になり、部活動の実施が最低限となったことにより、教員の退勤時間が早くなりました。あらためて、働き方改革でいわれていることが証明されたようです。少しずつ日常の生活を生徒が行うようになると前のように教員の忙しさが戻り、プラスしてコロナ対応でより大変さが増さないか心配です。（小）
・部活動がないほうが、先生たちは生き生きしている（ように見えました）。（中）
・臨時休業期間中から休業あけしばらくの間は部活動がなく、教員もこの期間に関してはイレギュラーながら年休などを取得したり在宅勤務をするなど、ゆったりとした時間を過ごした人が多い印象を受けた。総体や吹奏楽コンクールが中止になるなどした今回の新型コロナ禍の期間では、働き方を考える機会になった教員がけっこういたのではと思う。今回のことが良い意味で転換点になれば。（中）
・休校や部活を行えない期間があり、日中や放課後に先生方が職員室にいる時間が増え、いつもよりたくさんの情報を共有することができた。空き時間の確保や業務量を減らすことで、校内にプラスになるアイデアが増えるような気がします。（中）

・教員が出勤しても授業がないため、この時期を校内の不要物の廃棄や、長期休業時に行っていた備品点検等の時間に充て時間を有効に使った。（中）

・3月になって休校に入ると教員は成績処理や要録作成が終わると一斉に新年度の準備に入った。しかし、事務職員は年度末事務の多忙期で、まだ新年度のことにまで手がまわらないし、異動関係事務でいっぱいいっぱいの時期に次々と新年度の要望や相談が来て例年どおりの段取りで仕事を進めることができなかった。そのせいで年度末事務が不完全のまま異動し、後任者に迷惑をかけてしまった。そもそも3月に余裕をもって新年度の準備にあたるということはいいことなのだと思う。エアコン配備が進んだ現状なので、学校管理規則を改正し、年度末休業を長く、夏季休業を短くすることを本気で考えてみてもよいと思う。（小）

・危機的状況はこれまでのあり方を見直す機会にもなる。（小）

・勤務時間が8～16時30分になったが、30分早く帰れるだけでずいぶん気が楽であった。時差出勤は今後も行ってよいのではないかと思う。（小）

会議・研修等の見直しができた

・教員、事務職員ともほとんどの研修や会議がなくなり、出張の旅費請求事務が大幅に軽減された。例年、毎週毎週、初任研の旅費計算書作成に追われていたが、それがないとこんなに楽なのかと思った。なくてもよい研修や会議がいかに多いかということに気づかされ、毎年こうなら事務職員の学校経営参画やカリキュラムマネジメント参加やコミュニティスクール関連の仕事にも余裕で取り組めるのではないかと思った。（小）

・減らしてもいい会議や形態を変更して実施できる研修などがあるとわかった。仕事の効率化にもつながった。※同様の回答10件（小5・中5）

・集まらなくては進まないことと、集まらなくても回ることがわかったような気がする。（小）

・出張等が取りやめとなり、メールで事が済む場合もあることにあらためて気づかされた。出張の精選にもつながると思うが、一方で出張が制限されすぎることで、人と人とのつながりが薄れることが危惧される。（中）

・研修会や連絡会で役をずっとしていることもあり、事前の準備や資料の作成に多くの時間を割いていたが、会議が軒並み中止となり、そういったことにかける時間がなくなった。持ち帰り仕事は減った。（小）

・出張がなくなり、学校の用務に集中でき色々な試みを実施することができた。研究会等はインプットに大変効果的だがアウトプットする時間がなさすぎたと気づかされた。（小）

・各種団体の総会等が書面で執り行われ、かなりの出張や時間外勤務が削減された(PTAや教育振興会の会合は、夜に開催されるため)。今後の運営の仕方を考え直すいい機会だと思った。（小）

・教職員の出張がないことで、学校運営や授業の在り方などの検討の時間がたくさんとれた。（小）

・会議や研修等が中止や縮小になり、あらためてその場所に行き、みんなで集まり、話し合うことの大切さを実感。（小）

＊　＊　＊

・オンライン研修が増えたことで、これまで必要の無い旅費を支給していたのかも…と思いましたし、教員側の負担も減っているので、新型コロナが落ち着いた後も実施してほしいし、さらに増やしてほしいなと感じています。（中）

・校内の会議の回数を減らしたので不安はあったが、ホワイトボードや紙上提案、グループウェアの使用で対応できていると感じている。（小）

・ウェブ会議システム等を活用すれば、これまで集まっていた会議等も十分に対応可能であることがわかった。（小）

・オンラインでも情報共有できることがわかった。（小）

・1カ所に集まらなくてもリモートでできる会議や研修があるのでは、と思った。※同様の回答2件（中2）

・実際に使用したことはないが、リモート会議などができると、集まらずに会議や研修が行えるのではないか。研修会の在り方、共同学

校事務室の在り方を変えられるかもしれない（離島を抱える沖縄では期待が大きい）。（中）

行事等の見直しができた

・学校行事に向けての取り組み内容のスリム化、重要度の再認識。（小）
・卒業式や入学式を通常時でも簡易にしても良いのではないか。（小）
・卒業式や入学式を簡略化し、例年までの式典、行事などで省けることがあるのではないか。（小）
・卒業式、入学式は来賓なしで、式次第も省略等で行った。さまざまな意見があると思うが、今回にとどまらず、式典の内容、あり方は見直しても良いと感じた。子どもたちの集中力、来賓招待・接待準備等の手間を考えると、時短で簡略化した今回の式典は良かったと思う。慣習で続いている行事等も本当に必要なのか見直す機会になると思った。（中）
・卒業式、入学式の時間短縮のためにさまざまの項目をカットしたが、挨拶は短く、合唱呼びかけも今後もう少し簡素にできるのではという意見があった。同様に運動会も昨年度よりも良くという意識が働くが、子どもを守るという意味では時間を意識したほうがいいと感じた。（小）
・卒業式・入学式など、規模を縮小して開催した。しかし、校舎内の多目的ホールで工夫して開催することで、だだっ広さやさみしさを感じさせずに開催することができた。行事は縮小開催であっても工夫次第でよりよいものにできるとわかった。（中）
・小中の入学式が同日の午前と午後となったため、生花を小学校より借りた（折半する予定だったが借用させてくださった）。行事の開催日を考慮することで、物品の共有、予算の節約ができるとわかった。授業はなかったものの、コロナ対策グッズの支出に加え、校内環境を整える時間が作れて、例年に比べ執行ペースが速かった（1学期末昨年比10～15％程度up見込）。また、教材についても、先の授業計画が見えない中ではあったが、比較的時間があったためか、年間を見通して希望物品がまとまって上がってきたのが良かった。設計書で購入を進めることもでき、予算の計画的な執行につながると思う。（中）

在宅勤務

・リモートワークやリモート会議を行う環境設定をすれば、業務負担軽減につながり、事務職員が現在担っていない新しい業務を行う時間の確保につながると感じた。（中）
・学校事務職員の働き方について、さまざまな可能性があること。（小）
・事務職員の業務でもうまく仕分けをすれば、十分に在宅勤務も可能であることがわかった（本市の場合は、自宅でもある程度システムが利用可能であるなど制度面や環境面にも恵まれているため）。（小）
・4、5月に在宅勤務となり、「忙しいのに」と当初は思ったが、資料作成や計画立案など、在宅だと捗ることがあることに気づいた。忙しい時期だったからこそ、かえってよかったのかもしれない。（養護学校）
・在宅勤務では、今までやろうと思っていたが優先順位は低く後回しになっていた仕事を片付けることができ、そこから新たな発見等もあったのであってよかったと思った。（中）
・在宅勤務や年休を利用して、週3日程度の出勤であったが、仕事量に合っていてとても良かった（正直毎日することがなく困っているので）。（小）
・学校事務職員の職務は在宅勤務には適さないものがほとんどだ、ということへのあらためての気づき。対して、それでも今回のような大規模な感染症蔓延が発生したとき、私たちはどうするべきなのか、また私たち学校事務職員の職務はこれからどうあるべきか等、あらためて考えさせられた。（中）
・教職員＝教育現場と市教委＝教育行政の連絡調整役である学校事務職員は、その職務内容のかなりの部分で、自宅での勤務が困難な職種であることが明確になった。これは、インフラの整備状況にかかわらずいえることであるし、事務職員が複数名で職務分担をしている県の学校支援センターにおいても同様である。（市支援センター）
・緊急事態宣言下において、教員や他の職員達は在宅勤務となったが、事務職員（と管理職）は日々変化する市教委の指示に対応するため毎日出勤せざるを得なかった。（小）
・学校にいてこその学校事務職員である。急な保護者対応や学校再開

に向けた教育環境整備など学校にいないで良い仕事はできないと痛感した。(小)

・年度末、年度初めの忙しい時期は、事務職員の在宅ワークは無理だ。(小)

・学校の業務が在宅勤務にはなり得ないこと。(中)

・自宅勤務をすることで、実際にはできることがあまりにも限られている。(小)

・事務職員の仕事は在宅勤務が難しいことがわかった。※同様の回答2件(小2)

・学校現場の業務の多くが個人情報を含んでおり、在宅勤務との相性が悪い。(中)

・在宅勤務できる環境が整っていない。(中)

共同実施

・コロナの影響でほとんど会議、研修が中止になっている状況でも、共同実施は毎週行っている。そんなにまでしてやらなければいけないものなのかと思う。グループ長と他の2名の印をもらわないと手当の認定ができないというやり方はそれでいいのか。はんこ決裁をやめて、電子決裁化を進めることを考えるいい機会であると思う。セキュリティのきちんとしたメールやサーバの活用で集まらなくてもグループ長の決裁をもらえるよう考えなければいけない。(小)

・4月から5月にかけては、共同実施会議を開催しづらい状況であったため、市町の共有フォルダやメール等を利用して書類の相互チェックや各種連絡等を行った支援室が多かったと思います。このことにより、出張して集まらなくても共同実施に関する業務を適切に遂行でき、事務の効率化にも繋げることができると感じた方も多いのではないでしょうか。地区事務研や佐事研についても同様に、集まらなくても効果的な研修・研究体制を整備できるのではないかと感じています。(中)

教員の負担軽減が必要

・文科省は、現場に判断を委ね過ぎだと思う。感染症対策も丸投げしていると思う。これは感染症対策だけではなく、常に感じてきたことだが、コロナ禍によりさらに顕著に感じた。現場の教員は、先行きの見えない不安と、感染症対策の職務の増加に疲労困憊だ。学校が再開し、学校ごとに対応が求められていて、教員への負担が大きい。(小)

・休校中は教職員みんな残業することがなかった。やはり超過勤務は心や体に悪影響ということを身をもって体験した。(中)

・休校中は勤務時間で退勤できていたが、児童が登校すると退勤時間は勤務時間終了2~3時間後となっているので、授業準備や保護者への対応、消毒作業に時間がとられている。消毒作業だけでも外注できたり、授業のサポートをするスタッフがいたりすることが必要と感じている。(小)

・休校になったことにより、普段の先生たちが激務であることをあらためて感じた。学校再開してからの消毒等の業務増もあり、働き方改革が急務である。(小)

・休校中は時間にゆとりがあり、学校は本当にブラックな職場だと思った。先生達働き過ぎです。(中)

・コロナ以前の教員の勤務があまりに殺人的だった、ということが浮き彫りになった(休校中はほとんどの教員が18時過ぎには帰宅できていた)。学校が再開し、働き方としては、コロナ以前より忙しくなっていると見て取れる。災害下のため仕方のない部分もあるが、今だけの限定的状況ではないため、継続的・持続的に行っていくためにはどうすればよいのかを学校全体で考えていく必要がある。また、時間短縮のために、モノを使用することでそれが叶うならば、事務職員としては全体の予算を遣り繰りしてそうした便利道具を使えるようにするのが良いと思う(たとえば大きな学校であれば、紙折り機や丁合機があると全校配付の用紙作成の際の時間短縮になるし、プリンター、コピー機、電動裁断機、電動ホチキス、電動パンチ、ラミネータなどは複数あると必要なときに一斉に使用でき、最終的に時間短縮に繋がる)。(中)

学校の意義や重要性を再認識

・学校が、学習(読み書きそろばんから科学・芸術・体育まで多岐)のみならず、給食や部活動、学校行事等、子どもたちの社会生活・

日常生活の場であることはもちろんのこと、子どもたちが安心して学校に通えることで、保護者が安心して働くことができ、社会が円滑に機能することを再認識した。（中）
・学校職員としてだけでなく、一保護者として感じたことは、学校の大切さや授業（勉強）の重要性、子どもにとって人々との関わりは人間形成に必要であると感じました。また、学校の先生方が日々多くの子どもたちを育て、成長させてくれていることに対して、あらためて敬意と感謝を感じました。（小）
・休校中は保護者が子どもに勉強を教えることがあるが、子どもがなかなか理解しなかったり、集中力を保たせるのが難しいなど、教えることの素人（親）として「教える」ことの専門性を実感した。また、理科の実験や教材教具を使用した授業により子どもの興味関心を持たせることができる。あらためて学校で学ぶことの意義や教育環境を整備することの重要性を再認識した。（中）
・「学校」の存在の大きさ（生活規律、食事、精神安定等も含め）…生徒たちにとっても、保護者にとっても、もちろん、教職員にとっても…。
※同様の回答2件（中2）
・児童の居場所としての「学校」の存在の大きさにあらためて気づかされた。（小）
・子どもの体力向上に学校は大きな影響を持っていることがあらためてわかった。（小）
・子どもの運動能力が落ちたようだ。（小）
・3カ月も自宅にいると体力が低下し、骨折が増えるという実態から、成長期の3カ月の行動自粛の影響の大きさをつくづく感じた。（中）
・現代における学校の重要性（？）。（小）
・子どもが登校できない状況が、通常どおり勤務する保護者の仕事に大きな影響を与えていること。（中）
・社会において、学校がもつ影響力の大きさを認識した。（小）
・社会全体で考える学校の果たす役割の大きさ。（小）
・わが子が自宅待機になる中で、学校生活がいかに必要かを感じた。とともに、安心して通わせられる学校であってほしいと感じたのも事実であるので、自身も教職員の一人として保護者が子どもたちを安心して通わせられる学校づくりを常に心がけていきたいと思った。（小中一貫）
・自宅待機になり、わが子と家で過ごすなかで、保護者が学校に何を求めているかがわかった。（小）
・共働き、核家族化により昼に子どもの面倒を見る場がないことの大変さ。（小）
・市内のどの学校でも休校明けに当校しぶりや不登校傾向が増加しているとのこと。学習の場というだけではなく、子供たちに規則正しい生活を送らせるためにも学校はやはり大切なのだと思った。（小）

家庭学習について

・学校でしかできない（経験できない）ものとオンライン上でも可能なことが、より見えてきた気がする（不登校でもオンライン授業には参加した児童がいる等、必ずしも従来の形がすべてではなく、新しい形式の学校の可能性を感じた）。（小）
・対面にこだわらないオンライン授業の便利さと、今までの授業スタイルの組み合わせによる相乗効果。（小）
・県は、Zoom等によるオンライン授業を授業数にカウントするべきだと感じた。（中）
・休校中は宿題のプリントを多く出した。あれだけたくさん出し、一応やってきているのに（やってない子もいるが）、学校が再開すると字が書けなくなっている児童がたくさんいたと低学年の先生が嘆いていた。漢字が書けない子が続出。そして、家庭の教育力の差が歴然とし、上位層と下位層の広がりが大きくなったようだ。「親が子どもに勉強を教えられるか」が如実にあらわれている。（小）
・学校が休校になり、ゲームをする時間が増え、視力が低下した子どもがたくさんいた。体重が増えた子どももいた。（中）
・それぞれの家庭の学習環境の把握ができていなかったこと。（小）
・一人親や共働きの家庭が多いため、時間が合わず双方向のオンライン学習に対応できないという家庭が多くあった（これは子ども用の端末がないなど、環境面とも深く関係している）。また、臨時休業中は保護者に宿題を見る負担が多くかかり、家庭によって宿題の出

来に差が出ていた。（小）

・就学を保障するというニュアンスの違い。一方的な課題の猛攻に家庭は対応しきれない。学校で実施予定だった単元を家庭でそのまま実施することは困難極まりないと感じた。指導者がいてこその単元もある。就学を保障する……、学校には「何かをやらせておかねばならないという責任」が第一に表れてくるんだと感じた。家庭との連携を強く推してきたが、共働きやひとり親などに対して必ずしも配慮しているとはいえない状態に疑問が残った（課題は土日にやるという不明な状態であった）。（中）

・子を持つ母の立場と学校職員の立場のそれぞれの思いがあることを再認識。たとえば、休校中ほとんどの学校が家庭で行う課題を出したと思う。学校としては少しでも指導内容が定着するようにとか教科書の内容を進めるためとか家庭学習の充実等の意図があると思うが、家庭の立場で考えると家庭で多くの課題をさせるのもなかなかスムーズにいかないことがあり、かといってほっておけない。課題をするだけでその単元は終わってしまうのかという不安…とそれぞれの相まみえない思いがある。そこをどう解消するか。（小）

・子どもは家庭だけでは健やかな成長は難しい、学校、地域、行政が一緒になって育てていかなければならないと強く感じた出来事があった。（小）

・休校中の本校の対応と自分の子どもの学校や他市との対応の違い、あるいは事務室で行われている担任の健康観察の電話を聞いていて、親がどこまで子どもの勉強を見れるか、家庭の教育力により教育格差が生じることを実感した。子どもの学びの保障についてあらためて考えさせられた。（小）

・学校が当たり前に開校できることの意義を保護者にもわかっていただき、学校任せにせず、しっかり睡眠をとらせ、しっかり栄養を取らせ、宿題もやっているかを確認して、学校に送り出してほしい。（中）

・休校中、昼夜逆転している生徒や課題がはかどらない生徒もいる様子が見られた。一方で、昨年度まで長欠だった生徒が休校を利用して定期的に登校してきていたり、オンラインでの学習を進めているなど、頑張りがみえることもあった。学習の仕方やペースには、それぞれにあったやり方があることがわかった。また、1年生は特に、休校や分散登校等で一斉に顔をあわせる機会も乏しく、人間関係がやや心配に思った。2、3年生は、電話で昨年の学年クラス、担任を言ってしまうなど、進級したことの実感がわいていない生徒も見られた。切り替えるタイミングが無かったため致し方ないと思った。学校生活は、儀式的行事もあるが、それらが子どもたちの意識の切り替えに寄与している部分はあると感じた。（中）

・学びの保障と命の保障のバランスの難しさ。（中）

家庭との連絡について

・情報が行き届かない可能性を感じた。手紙を配付するにも数週間に一度、ウェブサイトを更新しても確実に見るとは限らない、一斉メール送信も不受信者がいるなど、情報発信や共有に課題を感じた。併せて、分散登校などで子どもが多いとパターンも多くなり親は混乱する。共働きで、小学校3年生がひとりで午後からちゃんと登校できるのか…など不安なことも多い。（中）

・休校中は学校の情報を得ようと、職員や保護者がHP、メール配信などをきちんと見ているようだった。今後はプリントの配付だけでなくメール配信を基本とすべきかも。（中）

・教員が各家庭に週1回の電話連絡をしていたがつながらず、担任や学年職員退勤後に折り返しがかかってくることもあった。教職員は定時退勤を目指す方が多く、休校を通して勤務時間を意識する習慣ができたと思う。しかし、各家庭からは時間外に連絡がくることもあった。これは、これまで部活動終了後（=時間外）に家庭連絡を行っていたことにも要因があると感じた。日中、電話が鳴っても出ない子どももいるのかもしれないと思った（安全上の理由か?）。また、父母の携帯にかける場合でも仕事中のためつながりづらい家庭も数件あったように見えた。虐待や家庭環境の変化等の早期発見のために、電話で子どもの声を聞く、生活の様子を聞くということも大切ではあるが、電話以外の方法もあると良いと思った（オンライン学習のコメント機能の活用など）。子どもたちにとっては、電話で、家の人がいる場所では、伝えにくいこともあると思った。（中）

・生徒や保護者からの問い合わせでは、課題やオンライン学習について（アクセスできない、PWを忘れたなど）が多かった。バージョンアップによるリンク先の変更や学校PWについては事務室から伝えられたが、個人PWはわからないため、学年職員につないでいた。（中）

少人数学級のよさを実感

・分散登校により20人授業を行ったが、これくらいの人数が子どもにも教員にもいちばんいいと実感した先生が多かった。（小）
・分散登校時のクラス半分程度の授業は、多くの教員がこれくらいだと目が行き届いてすごくいい！と言っていました。少人数もこれくらいで実施してほしい。（中）
・やはり授業を行うにあたり、1クラス25人程度が最もやりやすいし、ソーシャルディスタンスも確保できると思った。クラスの人数の見直しをしてほしいとあらためて感じた。（小）
・分散登校によって、少人数指導の良さを実感。（小）
・1クラスの人数がやはり多過ぎる。（小）
・9月入学の議論よりも30人学級の早期実現が議論されるべきであった。コロナ禍の中では1クラス20名が適正である。（小）
・少人数で授業を行っていたほうが一人一人の児童の様子が細かくわかり、児童支援COと担任と保護者のコミュニケーションも円滑に進んだ。（小）

ICT環境等の未整備

・オンライン授業が騒がれていたが、ネット環境やICT関係の整備が整っていないことがわかった。無線（Wi-Fi）がつながらない教室があったりして不便を感じている。（中）
・ICT機器（タブレットやネット環境等）の整備が学校関係は遅れていると感じた。（その他）
・オンライン学習できる環境がどれほど整っていないか。（小）
・GIGAスクール構想の現実化が加速した。（小）
・ネットワーク、端末等の必要性。（小）
・教諭のICT技術向上のための研修がどうしても必要。（小）
・ネット配信の難しさ。（中）
・現在の学校はテレワークの環境ではない。またオンライン授業をする設備がなかった。（小）
・学校でも電子黒板などの導入が進み、ICT利活用が進んでいると思っていたが、企業のテレワーク対応状況をニュースでみるとまだ遅れていると感じた。（中）
・市のセキュリティポリシー等によりオンライン授業をそう簡単にはできないこと。（小）
・私立の小中学校は、4月から全員オンライン授業を受けていると聞いた。公立の小中学校は、休校の間は「プリント等の配布」「登校児童は預かるのみ」。休校に向けての間は「分散登校」。このようなところに教育格差が生まれるのかと感じた。（小）
・公立と私立、あるいは都市部と周辺部の学校・家庭のICT環境の格差。その格差による「学習の機会均等」の危うさ。（中）
・個人用のタブレットの配布が望ましい。（中）
・家庭のネット環境の整備、タブレット型パソコンの整備を行う必要があることを感じた。（中）
・保護者はICT環境の整備に興味関心が高まっており、学校からのお知らせもメール配信を望む声が出てきている。（小）
・学校から各家庭に電話をかける際に回線や台数が全然足りないため、電話の順番待ち状態になっていることが多く、通信環境のさらなる整備が必要だと思った。（小）
・ICTを利活用する話題が出た際に、教員間での情報教育への関心・理解に差を感じた。（中）
・職員室以外では事務作業ができない（校内に無線LANがない、デスクトップパソコンのため持ち運び困難）。（中）

3密回避、ソーシャルディスタンス確保の難しさ

・子どもは「密」が大好きで、距離感を考えながら過ごすのが難しい。（小）
・3密を避けながらのコミュニケーションの難しさ。（小）
・30人以上ではそもそも教室が狭すぎる。（小）
・学校は3密になりやすい環境である。（中）

・校内の動線が狭いので、必ず密が発生している。（小）
・「新しい生活様式」を学校で実践することの難しさを痛感。特に給食の時間は、食べる際の机の配置から、給食室へ給食を取りに行ったり食器を戻す際の3密対策（時間差で行かせる、教員が階段で足止めするなど）、配膳方法への配慮（配膳係のみ食器に触れるなど）、食前の手洗いや食後の歯磨き指導も時間差で…など、実施にあたってのハードルが高く、教職員への負担が大きい。（中）
・教室が狭いので間隔を取り難い。机の規格も大きくなっているので余裕がない。（小）
・密にならないようにと考えたときに、教室の広さが、他校と比べて狭いように感じた。（小）

地域との関係について

・地域の方々がアルコールスプレー、アルコールジェル、マスク、ウエス、非接触型体温計の寄付をしてくださった（中学校1校・中学校区の小学校3校の計4校に）。また、地域の子ども食堂が肉まんやお弁当の無料配布を行ってくださった。地域のつながり、人のつながりを感じた。（小）
・地域の方たちにたくさんの支援をいただいていたこと（校内パトロールなどで日常的に地域の方が校内にいらしたのですが今はそれもなく、職員だけでは手薄）。（小）
・地域住民からの問い合わせでは、子どもがマンションの共有スペース等で集まり騒いでいて迷惑なので注意しに来てくださいという電話が多かった。教員が見回りにも行っていたが、電話は絶えなかった。苦情の電話をいただいたときに、謝罪のほかどうしたらよいものか…とも思った。（中）

給食のありがたさ

・給食のありがたさをあらためて感じた。（小）
・給食のありがたさ。生徒、職員、保護者、みんな助かっていたことに気づいたはず。開始後、無言で食べなければならないのは、見ていて苦しいが。（中）
・給食のありがたさ。一時期、温食を準備できず、「牛乳・パン・豆腐ハンバーグ」のみ等の残念な献立が続いた。（中）

その他

・東日本大震災の時のように、「何が大切か」をあらためて考える機会となっている。事務職員同士、地区の事務研や共同実施で会える回数は減ったが、メールや電話で助け合う回数は増えている。校内でも、行事等さまざまのことが変更になったことで、教員と予算の使い方や、保護者負担の軽減について話す機会が増えている。「話す機会が増えて合意を形成しながら進めていきやすいこと」「前年踏襲ができないことで、見直しのチャンスが生まれること」を生かしながら仕事を進めていきたい。（中）
・色々なことの「例年どおり」が通用しなくなり、臨機応変に対応しなければいけなかったため、職員同士が話し合う機会が多く、学校として団結が深まった部分もあったように思う。（中）
・学校職員の団結力というか、協力しようとしてくれる姿勢が、あらためて嬉しかった。（小）
・サポートスタッフ（校務支援員等）のコーディネートの重要性（コロナ禍によりサポートスタッフの任用期間延長や増員がなされているが、学校の職員がきちんとコーディネートできないと教育活動に反映できない）。（支援室）
・感染症予防対策が学校任せである部分が多いなか、物品の購入情報などを事務職員会内で共有し、工夫しながら準備をしてきた。事務職員の情報収集力に気づかされるとともに、横のつながりの大切さを感じた。（小）
・感染症予防対策が全て学校ごとの対策となるため、予算等を通じて事務職員として学校運営に携わる場面が多い。学校現場に事務職員が配置されているからこそ、さまざまな提案や迅速な対応が可能であると思う。（小）
・夏季休業期間の短縮による夏休みの課題再検討や校外学習・修学旅行、行事等の再検討においては、これまで以上に事務職員の意見が求められている（預り金の執行計画・集金額の変更に伴い保護者へ

の説明が必要となることや、キャンセル料等の扱いをどうすれば良いかの判断材料が必要となるため）。（支援室）
・事務職員同士の情報交換や地教委の説明会等がまったく行えていない状態で、今後の財務等に力量の差が生じていく。また、アフターコロナは要・不要の選別の時代に突入すると言われている。今回の事例で事務職員が対策や学校でどれほど力を発揮したかで、事務職員会・共同実施・事務職員の職など選別されていく時代に突入していくと思うようになった。（中）
・学校で緊急時にすぐに執行できる予算がないと不便であると思いました。議会や補正予算を通さずに執行できる緊急時予算（緊急時なので使われず繰り越しできる予算）等の確保ができればと思いました。（小）
・せっかく校長以下全職員が知恵を絞ってカリキュラムマネジメントを実践し時数確保を行ったが、結局夏休みを短縮することになり、その努力は水泡と帰した。市教委の意思決定不明瞭さから、教員の行政に対する強い不信感が残った。（小）
・学校は県教委・市教委の指針を基に動くことが求められると感じた。毎日、県の感染者数や検査数を確認して登校の有無を判断するという保護者もおり、かなり意識が高いがゆえに、それを学校へ求められることも予想される。事態が緊迫した時の学校の対応は常にコンプライアンスが求められると考え、自分自身の常識的な考えや思い込みで行動しないよう心掛けた。（小）
・職員会議等で経験や年齢に関係なくもっと自由な発言があるといいと思った。いつもは前年踏襲やベテランが発言して決まることが多い。そういった習慣が今回のような状態では全く役に立たなかった。若手は完全に受け身になっている。児童生徒に身につけさせようとしている主体性は自分たちにはないようだ。（小）
・管理職との普段の信頼関係づくりができていなかった。仕事に関係することなのに校長会などでの決定事項を教えてくれないことが多い。他校同業から先に情報が入る。（小）
・事務職員から提案できることは積極的に提案していくことが大切。（小）
・災害発生時において、世間の公務員に対する評価は厳しくなる。自粛解除後であっても懇親会などの開催はよく検討しなければならない。（中）
・コロナ倒産・コロナ失業のニュースを見るたびに、公務員は恵まれていると感じる。（中）
・会議や飲み会がなくなったため対人ストレスがなくなり、睡眠障害が軽減した。（小）
・学校にコロナ対応の問い合わせがほとんどなかった。のちにＰＴＡが壁となっていたことがわかった。学校とＰＴＡの連携が取れていると情報がスムーズに保護者にいきわたる。（小）
・道徳や人権教育の重要性（コロナウイルス感染症に関する不当な差別・偏見について）。（支援室）
・長く臨時休校だったせいもあり、生活習慣が戻っていない子が思っていたよりも多い。（小）
・特に長期休業明けで、子どもたちの中にはなかなかリズムをつかめず学校に登校できていない子もいる⇓心のケア。（小）
・休校中、支援が必要だと感じる児童が見守り（学校預かり）に来ている。（小）
・手洗い、うがいの大切さ。（小）
・消毒の限界。（中）
・日常の大切さをあらためて感じました。（小）
・日頃の健康管理。（小）
・家族の感染防止、自分自身の体調管理が、職務を行う上で大切だという事にあらためて気づいた。（中）
・ウイルス対策を入念に行うことで、今までいかに危ない環境であったか気づかされた。（小）
・みんなで手洗いや消毒を行うことで、コロナ以外の伝染病も減っているように思う。（小）
・新しい生活様式や衛生に対する意識改革。（小）
・休校中の環境整備や毎日の消毒作業により、学校内が整理整頓され、清潔な状態になった。（小）
・日常の清掃と清潔を保つこと。（小）
・先生方が学校の環境整備に目を向けるいい機会となり、職員作業で資料室等の片づけや生徒用机の天板張替えを行うことができた（職員作業は、少人数で参加時間も人によって異なる）。（中）

・感染予防の物品が手に入りにくくなったとき、そうなる前にある程度の準備しておくべきだと思った。情報収集と先の状況を予測し早めに見通しを立てて行動することが大事であると感じた。（中）
・日頃から想像力を働かせ、備えをしておくことの大切さ（物品）。（小）
・なるべく在庫を持たないようにという意見もあるが、在庫は危機管理であると思った。コロナ禍で色々な物流の混乱がある中、そう感じた。（小）
・歓迎会や懇親会などがなくなり、職員室と事務室のコミュニケーションが例年のように取れなかったので、新しく転任してきた先生との接点が少なく、扶養関係の手続きが遅れたことがあった（本人の申請がなく、あとで気づいた）。今回、聞きやすい、話しやすい、相談しやすい、意見を言いやすい等々、の関係はとても大切だと感じた。あらためて、一人ひとりに的確なアドバイスができるように、研鑽を積まなくてはいけないと思った。（小）
・休校中閑散としていた学校が、生徒たちが戻ってきて活気づいた。やはり主役は生徒たちであることを再確認させられた。間接的ではあるかもしれないが、生徒たちの力になるような仕事をしなくてはいけないと感じた。（中）
・分散登校の時、不登校生が学校に来れることが多い。一斉登校が始まったら不登校に戻る。不登校生は学校がイヤなのではなくて、40人学級にしんどさを感じているのでは？（多くの学校で同様の状況があり、同様のことを感じているとの情報有）。（支援室）
・生徒に会うことにより、職員も元気をもらっていたことを実感。気持ちの張りが違った。（中）
・児童が学校にいないときの教員と事務職員の温度差…。在宅勤務を「休み」と言う、在宅勤務なのに連絡がとれない、など。服務規律に疎い？（小）
・今年は職員の歓迎会や行事の打ち上げ等もなく、中には悩みがあっても打ち明ける場もない人があるかもしれない。（小）
・職場の歓迎会等の懇親の会が開けず、あらためて組織の基盤である人間関係づくりの必要性を感じている。（中）
・人とのコミュニケーションの大切さ。（小）
・リモートではなく、実際に会ってコミュニケーションをとることの大切さ。（小）
・教職員とこれからの授業で使用する教材の検討や感染予防について話をしているが、普段のコミュニケーションがいかに大事か再認識した。（小）
・事務職員が顔をあわすことができなくなり孤独を感じた。（小）
・ICT教育について行けない場合の教員のしんどさ。（支援室）
・学校HPの充実。（支援室）
・本当に生徒の体のことを考えて対策を考えているのか、世間に対してのパフォーマンスに過ぎないのかわからない取り組みがある（たとえば、部活動自粛期間の自主練習は許す、とか）昼休みのぐちゃぐちゃに揉まれるバスケットは許可するとか…。本当に、感染を避けるなら、してはいけないことのように思うが、イマイチ意識が甘い。（中）
・級外職員との給食時に、マスクを外している間は会話をしないようにしているが、食事の際に会話がないというのは、とても寂しいものだと実感した。（小）
・大勢の児童が同じ方向を向いて、静かに給食を食べているランチルームは異様な感じを受けている。あらためてランチルームは何のためにあるのかと思った。（小）
・コロナ対応の運営委員会が適宜行われた。時間配分や子どもの動線など、普段子どもと接してきた先生方だからこそ気がつくことがたくさんあり、すごいと思った。4月当初は会議と締め切りに追われ大変だったが、運営委員会を通して学校としての考えやさまざまなプランに触れることができたのは良かった。物品購入の情報を得る機会にもなった。（中）
・行事（入学式・卒業式）や分散登校、学校再開など、初めてのことで大変だったが、教職員の力で乗り切ることができています。もちろん失敗などもありますが、対策を講じて上手にやっています。あらためて教職員の力ってすごいなぁと思いました。（小）
・長期休校となったため、年計を見直すこととなり、要所を押さえた効率的な授業を展開しようと先生方が指導方法の工夫を今まで以上にしている様子が見受けられる。（小）

・休校中、あまりにも学力ばかり気にしている先生たちに驚いた。休校中にしかできない、ソーシャルスキル的な課題を出せばいいのにと不思議に感じた。(小)
・勤務形態の違う職員の雇用確保をどうするか。県費負担か市費負担かによっても違ったので。(小)
・学びと教えのニューノーマルとは何か。(中)
・学びの可能性としての、オンサイドとオンラインの融合。(中)
・Society5.0の時代が到来するといわれている現代でさえ、疫病対応には妖怪や神頼みとなること。(中)
・自粛警察など、暴力的な正義感の怖さ。(中)
・ネットの発信力と影響力、デマ拡散の恐怖。(中)
・中国製製品の氾濫といかに中国製品に依存していたか。(中)
・引きこもりがちな児童生徒の忍耐力のすごさ。(中)
・学校、保護者、地域とそれぞれの立場の人間が、子どもの教育を真剣に考えたのではないのではないか。(小)
・今回のコロナ禍におけるさまざまな課題解決は、ほぼ教育で乗り切れるのではないかということです(いや乗り切るべき)。感染対策に物品は必要であるが、物には限りがある。手洗いにしても、ゴミを扱うにしても、環境整備にしても、アルコールやせっけん、ビニール手袋等の物品がそろっているに越したことはない。先生の徹底した管理もあることに越したことはない。が、これらのもの、ことは、一人ひとりが現状を認識し、自分のために、人のためにどのような行動が望ましいかを考えた行動、そして、かかわる人々、教職員、児童、保護者、地域が状況を共有し理解することができれば、必要度は下がってくる。あるいは必要なくなってくる(ほかの代案も出てくる可能性が高くなる)。最近の社会の現象として、安全確保や不安解消は物を買う、行動を増やす、ルールを増やす等の「盛り」で対応する傾向がみられるが、逆にシンプルに考え、一人ひとりが目的を理解し、行動することによって、その「盛り」をなくす。そしてそのことは、社会的なさまざまな忙しさを減らすことにつながり、資源、お金(国債等)、労力等の節減につながり、社会のリスク軽減になる。もの等に頼らないということは、持続可能性が高まる。そうすると、災害等の非常事態においても(今もそうであるが)、リスクは下がる。これらのことから、今必要なのは物ではなく、「教育」である。今の現場の視点、行動が、子どもたちの今後の指針となり、今後の社会に影響してくると考えると、やはり社会と教育はつながっており、教育は社会を変える力があると実感する。コロナ対策は「今」だけの取り組みではなく、子どもたちがそれを良くも悪くも吸収し、その「今」の取り組みが、今子供、将来大人という人を通して、未来を創ると考えると学校現場のコロナ対応は、非常に重要である。今回のコロナを通して、教育の在り方、重要性をあらためて考えた。(小)

Q6 休校前・休校中・学校再開後等に、事務職員として「事務だより」などで、児童生徒、保護者、教員に向けて何か情報発信をしましたか? それはどんな内容ですか?(自由記述)

就学援助制度の案内等

・就学援助の案内を、カラー用紙に印刷して全保護者に配布した。(小)
・就学援助のお知らせ(8カ国語に対応)を発信。(小)
・保護者に向けて、就学援助制度についてあらためて周知を行った(年度途中など随時の申請が可能であること、お困りのことがあれば、ぜひ相談して欲しいということなど)。(小)
・学校再開後(5月後半)に、就学援助のお知らせを再度行った。(中)
・学校再開後、前年度の就学援助認定者で、今年度否認定になっていた家庭の保護者に対し、再申請を勧める連絡をした(コロナ禍の特例で、6月末までに申請し認定されれば4月にさかのぼって認定できるようになったため)。就学援助の認定・否認定にかかわらず、HP等を利用して全家庭に広く再周知のお知らせをすればよかったと思っている。就学援助について一般的なことはHPに掲載しているが、コロナにより収入減の家庭もあったはずなので、この機会に再周知をすべきであった。(中)
・就学援助申請や副教材の販売についてなど、庶務的なことで保護者

から質問があった際の回答先の一本化や簡単なQ＆Aメモの作成と配布を行った。（中）

・教員に対して、失業者や収入減など、家庭状況に変化がある家庭について情報を共有したいことや、就学援助の申請について柔軟に対応する旨、国から通知が来ていることなど。（中）

・コロナによって金銭的に苦しくなった家庭に対する就学援助（コロナ援助）等の提示。（小）

・休校中、共同実施組織で組織内学校のウェブサイトを通じて「家庭向け事務室だより」を発行（就学援助制度について）。（中）

・「給食費・諸会費集金のお知らせ」に、就学援助制度を紹介する一文を入れた。（中）

・就学援助と徴収金に絡んだお手紙。（小）

・給食費集金と就学援助について、メールと学校のＨＰを通じて情報発信。（小）

・例年7月に出している保護者向けおたよりを4月に発行（就学援助について）。（中）

・保護者にメールで就学援助申請の督促をした。（中）

・就学援助の申請について（申請期間の延長について）。（小）

・就学援助の申請期限間近に再度学校メールで発信してもらった。（小）

・近々、「家庭向け事務室だより」を発行する（例年の内容に加えてコロナ対応就学援助制度を詳しく）。（中）

・まだ出せていませんが、夏休み前には就学援助制度のことなどを載せた家庭向け事務だよりの発行を考えています。（小）

集金のお知らせ等

・給食費や教材費等の集金について、保護者へ通知文を発出した。（小）

・給食費徴収の変更について2回案内した（4月末・6月中旬）。（小）

・ホームページや一斉メールで学校徴収金についてお知らせをした。市からの補助等があることもあわせて掲載。（中）

・副教材費の予算書と集金のお知らせをウェブにも掲載。（中）

・諸会費の引落金額および時期の変更（8月も給食があるため）を発信。（小）

・学校徴収金の徴収と返金について、原則は年度末の返金とするが、保護者の要望に応じ柔軟な対応を行うことを周知。（小）

・3月の休校に伴い突然給食が実施されなくなったが、休校が判断された時点で給食費は徴収済み。在校生には返金せずそのまま預かって給食を再開した時の費用に充てる旨を各家庭に周知した（卒業する3年生には現金で返金）。（中）

・ＰＴＡ総会が開催できないため、今年度の校納金の徴収計画や徴収日時についての資料を保護者に配付。あわせて教員向けにも校納金の取り扱いや未納時の対応についての資料を配付し、説明。本村では児童生徒の今年1年間の給食費を全額補助していただけることとなり、たいへん有り難かったのですが、それに伴う徴収計画の見直しを短期間で行わなければならず、少し大変でした。（中）

・小学校の給食費集金に関するお知らせ（休業期間中の給食費の扱い）が委員会作成の事例は保護者の理解が得にくいため、学校で作成。（支援室）

新型コロナ情報を発信

・新型コロナ情報を随時提供した。（小）

・コロナ関連の情報は日々更新されていたので、教職員がそれぞれ別個に情報発信をするのではなく、情報を教頭に一元化して学校として発信した。紙文書や電子等で届くそれらの整理・保管・担当者区分け等を事務職員が行った。（中）

・教員から、感染症対策や指導に必要と思われるものを出してもらった。（小）

・「厚労省ウェブページより ０・０５％以上の次亜塩素酸ナトリウム液の作り方」の掲示。（小）

ウェブアンケートの実施

・休校中、保護者へのアンケート（生徒の生活の様子、保護者の思い）を採るに当たり、Googleフォームでの実施を提案した。（中）

・休校中、校内（一部教員）でコロナ禍における学校の在り方と可能性を討論したあと、ＳＷＳＰ（Shimin Wakuwaku Start Project）の立ち上げを提起。休校中の保護者へのアンケートの実施提案や、Zoomの体験会実施、分散登校時の生徒の様子の共有、休業中の課題に対する返信の工夫など、各学年へ呼びかけた。(中)
・学校再開後、各家庭のICT環境などの調査について、Googleフォームアンケートの活用を提案。作成・集計も担った。(中)
・PTA役員会でWebアンケートを紹介した。(小)

教職員に向けて

・休校中、教職員に対して、コロナに伴う服務・在宅勤務についてまとめた事務だよりを発行した。(中)
・「新型コロナに関する服務FAQ」として、新型コロナウイルス関連の職免・休暇や在宅勤務中の取り扱いをケースごとにまとめたもの。(養護学校)
・在宅勤務について(申請手順や注意事項について)。(小)
・職員向けに、在宅勤務や時差通勤等の入力方法を発信。(小)
・特休の申請方法等C4th(校務支援システム)で回覧をするなどして発信した。(中)
・子育て世帯に対する給付金の案内(職員向け)。(小)
・教員向けに、他校の対策事例や学校再開後の教育についてネットや書物からの情報を事務だよりに掲載。(小)
・職員に対しては連絡会や職員会議等で、校内の消毒方法や手順の説明や、マスクやフェイスシールド着用時の注意喚起(熱中症や外傷について)。換気のやり方、エアコンはどんどん使用するように(光熱費は気にしないように)伝えた。(小)
・職員向けに「就学援助の申請事由にコロナによる家計急変が追加されたこと」「職員や家族に発熱等の症状が出た時の特別休暇」などのお知らせをした。(小)
・打合せがなく、異動してすぐにコミュニケーションを取る場や周知方法がなかったので、事務だよりを4回発行した。通常時のお知らせ内容に加え、臨時休校関連については教職員向けに、①休校前に在宅勤務の際の申請方法、②休校中に就学援助費の臨時休校中の対応と学校名入り封筒の在庫や使用方法について周知した。(小)
・在宅ワークでは、あまり事務処理ができなかったため、事務便りを作成した。作る事務職員も読む教員も普段時間に追われているので作ってみた。コミュニケーションツールとなった。(中)
・教員向けに、おたよりを発行(いつもやっていますが)。コロナについてコラムを書きました。(中)
・教員に対して、国の補正予算の内容、市教委から配給される衛生用物品について。特に管理職や養護教諭には常に必要な情報をお伝えしている。(中)
・コロナ対策のための消耗品の購入相談。(小)
・コロナ対策だからと、水も電気も使い放題になってしまわないように、節約や効果的な換気の仕方についての事務だよりを2号出した。(中)
・教員に対して、夏季休業が短くなるため、光熱水費が例年より高くなる恐れがある。ただし、熱中症の危険もあるため必要なところは使用してもらい、消し忘れ等の無駄をなくす使い方について周知した。(中)
・校外学習等が延期され、コロナ対応をして実施できるように対応策を考えて情報提供しています。「Go To キャンペーン」を教員は知りませんので、これを利用することで、保護者の負担を増やすことなく、「移動の密を避ける(バスの増便)」ことを提案しています。中学校は旅行業者に手配を依頼しますので、この手続きはお願いできますが、小学校は直接バス会社と契約しているケースが多いため、区内の小学校への周知を考えなければならないと思っています。(小)
・「G Suite for Education」導入前から、教職員(老若男女)の間に入り、Googleサービスを活用して、教職員同士の情報連携や情報発信の支援をした(その支援自体もビデオ会議を活用)。なお、当校の学習補充サイト(本校ホームページからリンクあり)の各学年のページは、各担任の先生が自分で作っている。(小)
・事務だよりでは、教員向けに毎月の職員会議で情報発信をしています。生徒がいないときに備品チェックをしてもらったので、備品に関することや公費と私費の違いなどを掲載しました。(中)
・教員・生徒に対し、アルコールで手指を消毒する際、床に垂らすと床のワックスと反応して白濁状態になってしまうこと、消毒液をつけすぎたり歩きながら摺り込むと床に落ちるため、適切なアルコールの使い方を昼の校内放送で呼びかけた。（中）
・「感染症対策・学習保障等支援費」（国の第二次補正予算を受けて金沢市教育委員会が創設。学校長の裁量で執行。小中ともに児童数６００人以上の学校に60万円、児童数６００人未満の学校に30万円）の消耗品・備品購入費の購入希望について。（小）
・「事務だより」の形式ではないが、職員全員や該当者に情報や提出物のお知らせを出した。（小）
・物品購入の流れや備品購入の情報、印刷機などの取り扱いのお願いや、各提出書類など。（小）
・教員に学校予算要望書の提出依頼をした。（中）

保護者に向けて

・毎年、年度始めの「PTAだより」は教職員の顔写真（コメント付）が載ります。今回は次のようなコメントを添えました。「今年度は例年と異なる集金計画を考えました。今後もフレキシブルな対応を心がけ、予算面から支援していきます」と。字数が制限されているので、思ったことの何分の一しか出せませんでしたが、いつもと異なる状況であっても事務職員として対応していきたいという気持ちを少しは出せたかな…。（小）
・ホームページに、保護者向けの各種お知らせや学習課題、学校でのコロナ対策等の情報を掲載した。（小）
・学校だよりは生徒が登校した6月にやっと配布。新しく赴任した先生方の写真や入学式のこと、学校長の言葉を掲載。（中）
・保護者宛のオンライン教室の案内を作成した。（小）
・保護者向け事務だよりは、そろそろ作成予定。（小）

子どもたちに向けて

・手洗いの際に、石鹸で洗う時間が長くなった分、「石鹸で洗う間は、水を止めよう」「石鹸で洗った後は、蛇口も石鹸で洗っちゃおう」というような掲示を各手洗い所に、20秒間に流れる水の量を示すなどして節水の協力をうながす。（小）
・児童向けには、新1年生の学校探検で事務室見学ができず、教員が動画を作成したので、それに合わせてホームページでも事務室紹介を載せた。（小）

その他

・「事務センターだより」で、事務センターでリモート（Ｚｏｏｍ）での研修を行ったこと、Ｚｏｏｍに興味ある方は事務職員にお尋ねください、といったこと。（中）
・6月1日（月）付で「学校再開に伴う感染症対策・学習保障に係る必要物品の調査（コロナ関係の予算措置に対する調査）」があり、6月5日（金）までに備品・消耗品の予算を校内での要望を取りまとめて提出したが、その際に「学校再開に伴う感染症対策・学習保障に係る必要物品の調査【至急】」というものを職員向けに出しました。共同実施の学区内等でも活用していただきました。購入物品が決まったらまたお知らせする予定。（小）
・共同実施事務便りを出した（コロナ関連で必要消耗備品の紹介アンケート、Ｚｏｏｍの紹介、免許更新の延長など）。（小）
・共同実施だよりは発行しましたが、今年度の取り組み予定や事務連絡程度で、コロナウイルス対応については特に触れていません。（小）
・コロナ禍でコミュニティスクールが本格実施となったため、コミュニティスクール委員会での議論（コロナ対応や今年度の行事について）をコミュニティスクールだよりとしてまとめ、配布した。（小）
・地域学校協働本部の活動再開の見通しが立たないなか、どのような形で活動をつなげられるか、ボランティアと一緒に検討している。（小）
・重要な内容は用紙の色をかえて目立たせた。（小）
・今後発信していく必要を感じています。新たな生活様式ではありませんが、情報発信の重要性をあらためて感じました。（小）
・学校運営協議会のメンバーに、4～5月が休校になって学校予算がどれくらい変わったか簡単に紙面で説明した。（小）
・情報は日々報道や通知で流れていたので、教員も保護者も消化しきれなかったのではないか。（小）

執筆者一覧（五十音順）

安部友輔（あべ・ゆうすけ）……第5章
1988年、埼玉県生まれ。私立大大学院修士課程でアルゴリズムを研究し、ベンチャー企業に就職。中央銀行や大手ガス会社のプロジェクト等に携わる。2016年4月から久喜市立栢間小学校で事務職員として勤務する。G Suite（Googleのクラウド環境）の校務面での活用等を研究する、久喜市教育委員会委嘱「未来の公教育研究委員会」の中心メンバー。

川崎雅和（かわさき・まさかず）……第2章、第3章、第5章、第6章
1969年、東京都公立学校事務職員に採用。2007年、文京区立窪町小学校を定年退職。全国公立小中学校事務職員研究会常任理事等を歴任し、現在、現代学校事務研究会代表幹事、学校事務法令研究会会長、日本教育事務学会理事。主な研究テーマは、子どもの学ぶ権利保障と就学支援、学習方法の多様化に対応する学びの場の整備、子どもの安全と健康を守る学校づくりなど。主な著書：『学校事故の防止と安全・防災対策の進め方』、『学校事務小六法2016』、『カリキュラム経営を支える学校事務』（共著）、『学校の個人情報保護対策』（共著）、『保護者負担金がよくわかる本』（共著）、『貧困・障がい・国籍 教育のインクルーシブ化に学校はどう備えるか』（共著）など。

北村享子（きたむら・きょうこ）……第1章
1970年、滋賀県小中学校事務職員として採用される。小中学校を渡り歩き、現在6校目。この間、事務作業における文書作成で「鉄筆からリソグラフへ」「ワープロ書院からパソコンWordへ」という目まぐるしい変遷を経験してきた。途中、「事務だより」と「グリーン購入」という沼にどっぷりはまって研究しつづけた時期もあり。現在は、先輩方がいかに現在の学校事務職員制度を構築されてきたかを後輩に伝える「遺言」を検討中。

小林正幸（こばやし・まさゆき）……第4章
1957年、群馬県生まれ。専門は教育臨床心理学。筑波大学大学院修士課程教育研究科修了。東京都立教育研究所、東京都立多摩教育研究所研究主事、東京学芸大学心理学科助教授、同大学教育実践研究支援センター教授等を経て、同大学特別支援教育・教育臨床サポートセンター、教職大学院学校教育課題サブプログラム教授。臨床心理士、学校心理士、日本カウンセリング学会認定カウンセラー。
主な著書：『学級再生』講談社現代新書、『不登校児の理解と援助―問題解決と予防のコツ』金剛出版、『事例に学ぶ不登校の子への援助の実際』金子書房、『先生のためのやさしいソーシャルスキル教育』ほんの森出版、『不登校にしない先生・登校を支援できる先生～がんばれ先生シリーズ1』（共著）明治図書出版、ほか多数。

前川喜平（まえかわ・きへい）……特別インタビュー
1955年、奈良県生まれ。1979年、東京大学法学部卒業、文部省に入省。宮城県教育委員会行政課長、文部大臣秘書官、初等中等教育局財務課長、大臣官房長、初等中等教育局長などを経て、2016年、文部科学事務次官。2017年、退官。現在、現代教育行政研究会代表、日本大学文理学部非常勤講師。福島市と厚木市で自主夜間中学のスタッフも務める。著書：『面従腹背』毎日新聞出版、『前川喜平が語る、考える（対談集）』本の泉社 など。

コロナと闘う学校

全国120校が直面した課題と新たな教育環境の可能性

2021年2月20日　第1版第1刷発行

編著者　川崎雅和

発行人　花岡萬之

発行所　学事出版株式会社

〒101-0021　東京都千代田区外神田2-2-3

電話 03-3255-5471

http://www.gakuji.co.jp/

印刷・製本　研友社印刷株式会社

ISBN978-4-7619-2687-8 C3037